INDICADORES
DE GESTIÓN
EMPRESARIAL

INDICADORES DE GESTIÓN EMPRESARIAL

De la estrategia a los resultados con el Balanced Scorecard-Cuadro de Mando Integral

JESÚS R. SÁNCHEZ MARTORELLI

Número de Control de la Biblioteca del Congreso de EE. UU.:		2013911039
ISBN:	Tapa Dura	978-1-4633-5967-6
	Tapa Blanda	978-1-4633-5969-0
	Libro Electrónico	978-1-4633-5968-3

Para realizar pedidos de este libro, contacte con:
Palibrio LLC
1663 Liberty Drive
Suite 200
Bloomington, IN 47403
Gratis desde EE. UU. al 877.407.5847
Gratis desde México al 01.800.288.2243
Gratis desde España al 900.866.949
Desde otro país al +1.812.671.9757
Fax: 01.812.355.1576
ventas@palibrio.com
470309

ÍNDICE

Reconocimientos

En un mundo donde las ideas propias se construyen sobre la base de las experiencias vividas con otros, más que de la propia reflexión, reconocer las influencias particulares de quienes contribuyeron a hacer realidad un libro como este puede resultar temerario. Algunas de estas ideas y experiencias las he expresado en conferencias, artículos y publicaciones de revistas especializadas desde hace mas de quince años, pero no es sino hasta recientemente que las he integrado en una serie de libros. El hecho de que este libro haya sido posible, ha sido por mi participación como activista y catalizador de procesos de cambio organizacional en varias empresas, contando entre mis actividades la del diseño de sistemas de gestión empresarial e institucional. Son muchas las experiencias ocurridas, muchos los amigos, muchas las influencias en esta cadena de relaciones sobre los temas de estrategia y desempeño empresarial.

En este camino, he tenido el privilegio de estar asociado a miles de personas, que a lo largo de los años nos han impulsado a ver las cosas de una manera diferente, más allá de la propia experiencia, y han enriquecido nuestro entendimiento de los procesos gerenciales y de toma de decisiones, compartiendo sus propias experiencias para hacernos descubrir nuevos esquemas de trabajo.

Específicamente, deseo agradecer a los magníficos pensadores, consultores, escritores, colegas y amigos que me han guiado y acompañado a los largo de estos años.

A los clientes, que me han abierto sus puertas para poner en práctica metodologías para toma de decisiones basadas en resultados y corregirlas con la experiencia.

A mis alumnos en los cursos empresariales y académicos (Universidad Católica Andrés Bello, Universidad Metropolitana y en el IESA), por sus continuos cuestionamientos que me han establecido el reto de renovar continuamente la forma de expresar y transmitir el conocimiento.

A mis compañeros de NRG Consultores, de SIO-La Oficina de Hoy, de CEO-Consultores en Estrategia y Organización, de CBM Ingeniería de Exploración y Producción, de 21GES Gestión Estratégica Siglo XXI y de la Fundación Gerencia Estratégica, además de las empresas con quienes hemos establecido alianzas de colaboración con los clientes, por su apoyo continuo, sabiduría, su paciencia, su colaboración y su amistad a lo largo de todos estos años.

Y por sobre todo, a mi familia. Su inspiración ha sido ha sido un pozo del que he podido beber cada día.

A todos, con mi eterna gratitud.

INTRODUCCIÓN

Cuando apenas estamos a las puertas del tercer milenio, la utilización de indicadores ha venido adquiriendo cada vez más relevancia en los procesos de seguimiento y evaluación de la gestión empresarial e institucional, convirtiéndose además en un elemento central de los sistemas de alineación organizacional y compensación basada en resultados.

En estas décadas iniciales, se ven avances significativos con respecto a los orígenes de las metodologías mas utilizadas para el control de gestión. Se cumplen mas de 100 años desde la creación del Modelo de Dupont en 1907 [1], pasando por los mas de 75 años de evolución sucesiva del Cuadro de Mando (del francés Tableau du Bord) originado en 1932 [2], y finalmente mas de 20 años de las acciones que dieron nacimiento al esquema de gran aceptación del Balanced Scorecard o Cuadro de Mando Integral[3] en 1990[4]. En loa años mas recientes han ocurrido cambios importantes en los modelos de gestión, control de gestión y control estratégico e integral de la gestión, derivados de esta permanente evolución, y aún vemos que las empresas usan sus propias versiones e interpretaciones de los tres métodos mencionados.

El interés en estas metodologías, en especial en años recientes la del Cuadro del Mando Integral, ya ha trascendido los límites del mundo de los negocios de manufactura y servicios, extendiéndose a las organizaciones del gobierno, sin fines de lucro, no gubernamentales, y se ha profundizado en otros a sectores específicos como salud y educación.

Aún así, los sistemas de medición asociados a estos esquemas, siguen creando grandes dudas y controversias en el mundo empresarial. En los sistemas de medición ha privado la tendencia de hacer énfasis en el uso de indicadores cuantificables y financieros; sin embargo, una evaluación para que sea completa, además de la aplicación de indicadores cuantitativos financieros, necesita del uso de indicadores no financieros, criterios lógicos e indicadores cualitativos que aporten los elementos complementarios necesarios para lograr el análisis integral de la gestión, con miras a un "control estratégico" orientado a mejores resultados. Esto es aún más válido dado el alto crecimiento de organizaciones proveedoras de servicios, donde la cuantificación de metas y compromisos suele ser más compleja, y sujeta a más elementos intangibles. Lo intangible, de hecho, se sobrepone a lo tangible en las organizaciones de la era del conocimiento, donde el valor real de muchas empresas está más dado por esos componentes "blandos" y "difícilmente cuantificables", pero que son los grandes impulsores del desempeño cuantificable operativo y financiero.

A este contexto, podemos agregar el componente de las exigencias sociales y de gobierno sobre los temas de Responsabilidad Empresarial Social y Ambiental, que vienen a crear nuevas aristas en la evaluación del desempeño empresarial con grupos de interés cada vez más exigentes, integrándose a su vez con metodologías de gran alcance y trascendencia como la gerencia de proyectos.

Como respuesta del mundo gerencial hacia estos nuevos retos y compromisos, han surgido metodologías de planificación y gestión estratégica de muy amplia aceptación y aplicación, como el Cuadro de Mando y en su "evolución", el Cuadro de Mando Integral (Balanced Scorecard).

La literatura y la práctica de estas metodologías, ha dado un gran énfasis a la integración entre estrategia y gestión, con el uso de indicadores de gestión o estratégicos, pero sin hacer énfasis suficiente en el proceso de construcción de los mismos dentro del contexto de las metodologías, considerando su diseño y selección, en muchos casos, con cierta ligereza de contenido.

El contenido del libro hará referencia a diferentes componentes de los sistemas integrales de gestión:

- **Medición de la estrategia**: con el establecimiento de sistemas integrales de indicadores. Lo ejecutivos se enfocan en el manejo de "un puñado de medidas estratégicas y operativas", que van desde 5 a 15 o 20, en lugar de 50 o más "métricas operativas". Aún cuando hay énfasis en lo financiero como indicativo relevante de resultados en las empresas, se busca mas un "balance" entre lo financiero y lo no financiero. Aparece la diferenciación entre *indicadores* *de resultado (lag indicators)* e *indicadores guía (lead indicators o inductores del desempeño).*

- **Revisión de la estrategia**: mediante la estructuración de mecanismos de seguimiento y control, acompañado de los esquemas denominados **Reuniones de análisis** de la estrategia (RAE´s), mediante el establecimiento de una agenda de seguimiento y aprendizaje y un calendario de participación activa, que da mas fuerza a la rendición de cuentas.

- **Comunicación de la estrategia**: para garantizar la alineación de todos los empleados con los fines, objetivos y metas del negocio. Se utilizan "modos de comunicación" eminentemente gráficos, coloridos y fáciles de leer, en substitución del modelo "tabular" prevaleciente en las pasadas décadas.

- **Alineación** de unidades de negocio y funcionales: para fortalecer la cadena de valor y el enfoque hacia mejores resultados, aprovechando la sinergia entre negocios y funciones de apoyo.

- **Cooperación** para compartir e incorporar mejores prácticas que aseguren el establecimiento y permanencia del sistema de estrategia y gestión, creando capital relacional y estructural en la empresa.

- **Implementación,** pues la **definición** del esquema de gestión puede ser **simple**, pero su **implementación** puede ser **difícil.** Los ejecutivos esperan relaciones matemáticas directas y simples entre indicadores, tal vez por el dominio de los modelos financieros donde las relaciones son directas y con fórmulas totalmente establecidas. Al contar con elementos "intangibles" en los nuevos esquemas de medición y gestión, sin reglas directas de relación con otros indicadores, el ejecutivo se ve en la obligación de "interpretar y validar" estas relaciones, lo que puede requerir un esfuerzo de análisis importante, interpretativo, social, estadístico y en muchos casos, político. En palabras de un ejecutivo de negocios: "Algunos indicadores se vuelven tan impredecibles como la gente que toma acciones para mejorarlos, lo que nos obliga a profundizar en áreas de conocimiento que no estamos acostumbrados a manejar". Continuando con la cita: "Al analizar este tipo de indicadores, cinco ejecutivos que los analizan generan cinco versiones distintas de interpretación, lo que requiere un continuo diálogo sobre la estrategia y la toma de decisiones" [5].

En este libro, nos proponemos cerrar la brecha encontrada sobre el "diseño e interpretación de indicadores". En el capítulo 1, se presentará una visión de la incorporación de los *sistemas de medición en diferentes esquemas de planificación, gestión y rendición de cuentas* aplicados por diversas empresas. En el capítulo 2 se mostrarán los *modelos y prácticas de gestión integral* que han dominado el mundo empresarial desde fines de siglo pasado, con sus tendencias y sus implicaciones en el "nuevo rol del controller". Luego en el capítulo 3 veremos una descripción de las *diversas clasificaciones o categorías de los indicadores* de gestión empresarial, así como el *proceso de construcción* de los mismos. Continuaremos en el capítulo 4 con los *esquemas de despliegue* de los sistemas de medición asociados a los diferentes modelos de gestión en los *procesos y funciones* de una empresa, con ejemplos prácticos de selección y definición de indicadores a diferentes niveles organizacionales. En el capítulo 5 nos referiremos a la *automatización de los sistemas de medición y control estratégico de la gestión,* apelando a la práctica que hemos vivido en los últimos veinte años. En el capítulo 6 trataremos sobre los *esquemas de evaluación y seguimiento,* mediante las prácticas de la *"Agenda Gerencial" y las "reuniones de análisis de estrategia – RAEs",* para darle vida a la relación entre medición, evaluación, control y toma de decisiones. Finalmente, en el capítulo 7 hablaremos sobre las *nuevas tendencias hacia esquemas sostenibles de gestión empresarial,* con sus vinculaciones en las perspectivas de responsabilidad social y ambiental de las empresas.

A lo largo del libro se reseñarán casos de aplicación práctica, en su mayoría derivados de nuestra propia experiencia con empresas de manufactura y servicios.

En los anexos, se hará referencia a definiciones detalladas de indicadores en diferentes ámbitos del negocio, tanto financiera como no financiera, para atender a las tendencias de uso de nuevos indicadores, en particular en lo concerniente a algunos indicadores "blandos" del nuevo contexto empresarial.

1
Introducción a los Modelos de Planificación

1.1 ¿Qué es la Planificación Estratégica?

Es un proceso sistemático y formal para establecer el propósito, objetivos, políticas y estrategias de una empresa; así como la asignación de los recursos requeridos, todo esto dentro de las premisas y lineamientos establecidos por los accionistas.

Este proceso promueve la toma de decisiones y acciones fundamentales que dan forma y guían a una organización, a través de la visión de largo plazo y otros componentes como misión, valores, políticas y lineamientos.

La planificación estratégica es una herramienta de dirección. Es un esfuerzo disciplinado para producir decisiones fundamentales y acciones que dan forma y conducen a lo que la organización es, lo que hace y por qué lo hace, con la mira puesta en el futuro.

Puede pensarse que el éxito de una empresa se debe a que "está en un buen negocio" o a que todo el país está en buena situación económica. Sin embargo al comparar empresas que comparten condiciones del sector y el país se ve que mientras algunas fracasan, otras no sólo sobreviven sino que lo hacen exitosamente, con innovación y crecimiento sostenidos. En la búsqueda del factor determinante de éxito o fracaso de las empresas, se ha encontrado como factor clave la existencia de una **idea de futuro clara** y **la definición de cómo lograrlo** con las capacidades y recursos de las empresas en su relación con el entorno.

Los conceptos que subyacen siempre que se busca y encuentra una estrategia consistente y exitosa en una organización, sin importar su tamaño y sin importar si se ha seguido un proceso formal para obtenerla, son:

- La idea de **futuro** que se **elige**
- Esa idea descrita mediante una serie de **objetivos claros** que todos persiguen por igual (porque son conocidos por todos, lo que deriva en aprovechamiento de la alineación y la sinergia).
- Actuar dentro de un marco de acción bien definido por **políticas consistentes**, es decir, un **sistema o** conjunto ordenado de elementos interconectados: *Visión – Misión – Valores – Estrategias y Temas Estratégicos – Objetivos –Indicadores – Metas – Planes de Acción – Recursos – Responsables*

Las mejoras sugeridas dentro del área de la planeación estratégica, en atención a lo observado en diferentes organizaciones, son:

- Establecer objetivos claros, desdoblados y alineados en la cadena organizacional.
- Establecer planes de acción concretos (proyectos-iniciativas-acciones estratégicas) para cada área organizacional
- Establecer un sistema de información estratégica.
- Establecer un ambiente propicio para la innovación.
- Analizar la posibilidad de formar alianzas.
- Conocer y mantener los generadores e impulsores de la rentabilidad.
- Crear y cuidar una ventaja competitiva.
- Establecer un sistema de control estratégico.
- Establecer un tablero de control de variables criticas
- Adecuar la estructura de la empresa para su alineación con la estrategia

1.2 Dimensiones del Concepto de Estrategia

La definición de Estrategia o Plan Estratégico puede ser considerada desde varias perspectivas, este concepto ampliamente analizado por numerosos especialistas ha permitido sea considerado como:

- Un esquema organizacional para definir objetivos, planes de acción y asignación de recursos en términos de mediano y largo plazo. Esta es la forma clásica de definir el proceso de estrategias.
- Definición estratégica de las competencias claves de la empresa. Es altamente conocido que uno de los propósitos de la planificación estrategica es definir lo que la empresa quiere como negocio y lo que

deberá hacer en un futuro próximo, es decir, las competencias claves que debe dominar.

♦ La estrategia responde a oportunidades y amenazas externas y a fortalezas y debilidades internas.

♦ La estrategia es una forma de alinear las tareas de la corporación, los negocios y las funciones de apoyo.

Sea cual fuere la manera de definir la estrategia, esta claro que los elementos principales son:

- La idea de **futuro** que se **elige** (El Negocio)
- Los objetivos que todos persiguen y
- Un sistema ordenado de elementos.

1.3 En resumen: ¿Qué es una Estrategia?

- "Es la base que da coherencia y dirección a las decisiones de una organización"
- "Es el medio de establecer el propósito de la organización en términos de objetivos a largo plazo, programas de acción y prioridades de asignación de recursos"
- "Es una respuesta a las oportunidades y amenazas externas, y a las fortalezas y debilidades internas, para poder conseguir una ventaja competitiva sostenible"
- "Es el medio de desarrollar las competencias medulares de la organización"
- "Es el medio de invertir en recursos tangibles e intangibles para desarrollar las capacidades que aseguran una ventaja sostenible"

1.4 Objetivos Claros

Es la manera de crear futuro. Los **Objetivos** son fines que la empresa persigue. Las **políticas** son medios, pautas o marcos de actuación para la organización. El vocabulario de Planificación no siempre es uniforme y en distintas empresas se puede hablar de metas, objetivos de corto y largo plazo, misión, visión, filosofía, cultura, definición de negocio, planes de acción, etc. Para evitar discusiones "semánticas" posteriores, es importante tener claro los conceptos y definir un vocabulario propio.

1.5 Elementos típicos de un Sistema de Planificación

Los procesos de planificación se deben diseñar específicamente para cada empresa, pero en general plantean:

- Una etapa de análisis.
- La elección de futuro, descrito en una serie de objetivos.
- Mecanismos (modelo) de seguimiento y reportes
- Alguna forma para retroalimentar el proceso de planificación.

La Figura 1-1 refleja estos componentes, para un proceso típico de Planificación.

1.6 Enfoques de Planificación y Desempeño

Un componente fundamental para el logro de la estrategia de cualquier institución es la medición del éxito de la organización mediante indicadores de desempeño. Las organizaciones señaladas para coordinar e integrar este proceso se denominan frecuentemente, de Gestión, de Organización y métodos, de finanzas, de seguimiento, entre otras.

A medida que las empresas y el conocimiento evolucionan los enfoques y esquemas de planificación y desempeño empresarial también evolucionan. En regiones y situaciones distintas cada uno de estos esquemas procuran una misma finalidad: **MEJORES RESULTADOS**

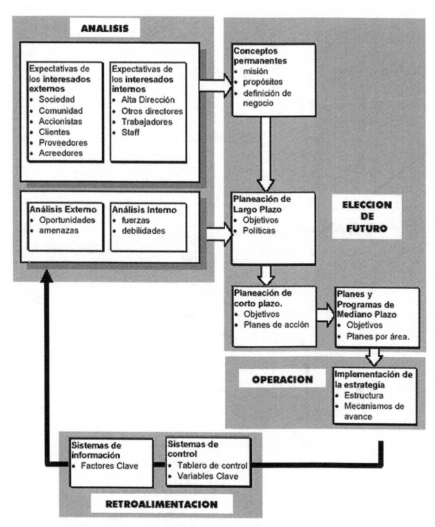

Figura 1-1 Proceso de Planificación, Operación y Gestión [1]

Entre los esquemas o modelos que buscan mejorar el proceso de planificación y desempeño empresarial, y que hemos visto funcionando en diversas empresas, se encuentran:

- Análisis estratégico de la empresa.
- El modelo Europeo de la Calidad.
- El modelo general de estrategias de negocios.
- El proceso de rendición de cuentas.
- El enfoque de factores críticos de éxito.
- El Balanced Scorecard

Veamos algunos elementos de estos esquemas para comentar sus diferencias y similitudes:

1.6.1 Análisis estratégico de las empresas

Este modelo sugiere que para organizaciones complejas, debe haber una "cascada" en la definición de la orientación estratégica de la empresa, con un despliegue y una alineación entre los diferentes niveles organizacionales, negocios y funciones. Se procede así a la definición de los elementos internos y externos que afectan a la estrategia, a partir de lo cual, en cada nivel, se formulan las estrategias, tácticas y acciones operacionales que deben seguirse.

Figura 1-2: Referencia Arnold Hax, 1991-1996 [2]

El modelo sugiere la alineación de cada nivel con el propósito estratégico "corporativo", así como la definición de acciones, tanto de alcance particular en cada negocio o función, como de alcance "total", a ser extendidas y aplicadas en toda la empresa, sus negocios y sus funciones de apoyo.

La figura 1-3 refleja esta propuesta:

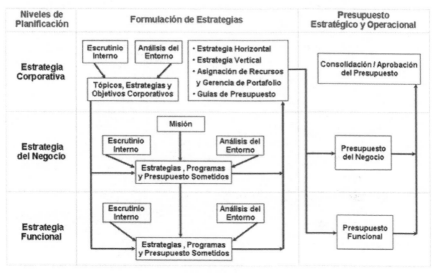

Figura 1-3 [3]

1.6.2 El Modelo Europeo de la Calidad

El modelo EFQM, es un marco de trabajo basado en nueve criterios, que pueden utilizarse para evaluar el progreso de una organización hacia la excelencia. El modelo se fundamenta en la premisa según la cual los resultados excelentes en el rendimiento general de la organización, en sus clientes, personas y en la sociedad. se logran mediante un liderazgo que dirija e impulse la política y la estrategia de la organización. Este modelo parte de las capacidades habilitadoras de liderazgo, capital humano y capacidad de alianzas, para, a través de los procesos, generar resultados hacia la gente, hacia el cliente y hacia la sociedad. Estos resultados impulsan los logros del negocio, expresados a través de los indicadores clave de desempeño (Key Perfirmance Indicators – KPI's).

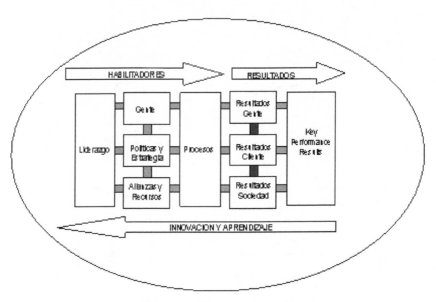

Figura 1-4: Modelo EFQM [4]

Nótese la naturaleza dinámica de este modelo en su diferenciación de los Agentes Habilitadores y Resultados. Los criterios del grupo de agentes habilitadores analizan cómo realiza la organización agencia las actividades clave. Los criterios del grupo de resultados se ocupan de los resultados que se están alcanzando.

En los fundamentos del modelo se encuentra un patrón lógico denominado REDER (RADAR en Inglés) y que esta integrado por cuatro elementos: Resultados, Enfoques, Despliegue, Evaluación y Revisión, que se utiliza para evaluar los criterios de los agentes Habilitadores.

1.6.3 El modelo general de las estrategias de negocio basado en Palancas de Control

El modelo establece que existen distintas "fronteras" y campos de acción y que las empresas deben analizarlos para definir su planteamiento de negocio. Robert Simons (1995) explica que depende de cada empresa profundizar en una y otra zona:

Figura 1-5: Palancas de Control [5]

Los principios y valores se refieren a los elementos éticos y de valor que la empresa establece para realizar sus negocios. Este modelo plantea como centro de acción la estrategia de negocios, la cual se apoya en cuatro elementos que aseguran la exitosa implementación de la estrategia:

- Los Valores y Creencias, como elemento que inspira y dirige la búsqueda de nuevas oportunidades
- El Campo de Acción, que establece límites sobre los riesgos a evitar o aceptar y afecta el comportamiento en la búsqueda de oportunidades. Dependiendo del sector o negocio que realiza, el riesgo y el campo de acción varían.
- Los Sistemas y Controles para diagnóstico, usados para motivar, monitorear y recompensar el logro de metas y específicas. Las variables criticas de desempeño, se refiere al conjunto de controles y seguimiento de la gestión a fin de alcanzar la estrategia definida.
- Los Sistemas de Control Interactivo, usados para estimular el aprendizaje organizacional y el surgimiento de nuevas ideas y estrategias. Toma en consideración las incertidumbres y discontinuidades, con medios de control interactivo del desempeño organizacional e inteligencia de negocio, al ver el proceso de seguimiento como un constante proceso de aprendizaje organizacional

1.6.4 El modelo de despliegue de estrategia y de rendición de cuentas

Parte de una estrategia corporativa y en cascada se realiza un seguimiento de la gestión o "un reporte de la gestión", en dos vías, tanto de arriba hacia abajo, como de abajo hacia arriba.

En este modelo, se refleja el despliegue de los conceptos estratégicos desde los niveles superiores de la organización, usualmente mediante lineamientos estratégicos y planes de negocio corporativos, hasta los niveles operativos donde estos lineamientos o planes estratégicos suelen traducirse en los planes operativos anuales (o del periodo operativo que se defina) de cada unidad (operacional o de apoyo)

En proceso de rendición de cuentas, a su vez, "rebota" en la presentación de los resultados durante el periodo operativo definido, típicamente a través de reuniones de seguimiento y control mensuales, trimestrales y anuales.

Figura 1-6 [6]

1.6.5 Enfoque de Factores Críticos de Éxito

Algunas empresas definen a sus objetivos estratégicos como "factores críticos de éxito-FCE" (del inglés "critical success factors" o CSF). Definidos los factores críticos de éxito, a diferentes niveles de la organización, se puntualizan los indicadores y las metas, conjuntamente con el plan de acción para lograr el cumplimiento de los objetivos.

Este proceso se materializa, al igual que en el modelo anterior, en forma de cascada, y se despliega a lo largo de toda la empresa. Nótese que el modelo en la empresa de la cual tomamos el esquema, usa el nombre de "cuadro de mando" en los componentes de cada nivel organizacional.

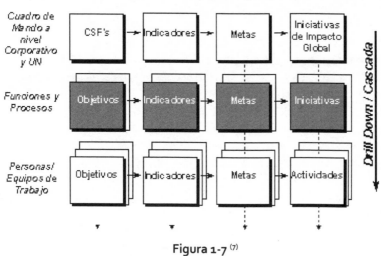

Cascada de Medición de Desempeño (Performance Measurement)

Figura 1-7 [7]

1.6.6 El Balanced Scorecard (BSC) o Cuadro de Mando Integral (CMI)

Esta metodología ha recibido diversos nombres en nuestro idioma. Algunos usan el nombre original en inglés, otros usan la traducción "oficial" de "cuadro de mando integral". También se han popularizado nombres como "tablero de comando" y "sistema balanceado de indicadores".

El Balanced ScoreCard [8] es una metodología diseñada para implantar la estrategia de la empresa, aunque en determinados casos su uso se ha extendido hasta los proceso de formulación de la estrategia, acompañando a metodologías como el DOFA. Ha sido utilizada por reconocidas corporaciones internacionales las cuales han obtenido excelentes resultados, y desde su divulgación en 1992 por sus dos autores Robert Kaplan y David Norton, ha sido incorporada a los procesos de gerencia estratégica en mas del 60% de las grandes corporaciones en los Estados Unidos, extendiéndose su uso a varias corporaciones europeas, asiáticas y latinoamericanas. Como mecanismo de implantación de la estrategia, complementa en gran medida al modelo planteado po Arnold Hax y a otros modelos de definición y formulación de estrategias. De hecho, se integra fácilmente con cualquiera de los modelos mencionados mas arriba.

Hoy en día las organizaciones están compitiendo en entornos complejos y, por lo tanto, es vital que tengan una exacta comprensión de sus objetivos y de los métodos que han de utilizar para alcanzarlos. El BSC traduce la visión, misión y estrategia de una organización en un amplio conjunto de medidas de la actuación, que proporcionan la estructura necesaria para un sistema de gestión y medición estratégica, desde lo corporativo, hasta las personas.

También es prudente tener en mente que el BSC no es, en su origen, una herramienta para diseño de visión, misión o estrategias. El BSC ayuda a traducir la misión y la estrategia en objetivos e indicadores que puedan proporcionar una medida de logro de las primeras. Su evolución lo ha llevado, para aquellas organizaciones que no tienen un esquema estructurado de planificación, a ser un instrumento que facilita la planificación y el establecimiento de objetivos. Permite también comunicar esos objetivos a través de toda la organización, brindando una realimentación valiosa para la revisión permanente de la estrategia.

La pirámide estratégica [9] de la figura 1-8 refleja el proceso de encadenamiento sugerido por el Balanced Scorecard. Partiendo de los componentes fundamentales de Misión, Visión y Valores (denominados por algunas empresas como "principios rectores"), estos determinan el sentido de dirección (conjunto de políticas, lineamientos, temas estratégicos y objetivos estratégicos). Estos elementos se "traducen" en un "mapa estratégico", que refleja el impacto en los diferentes grupos de interés a través de diversas "perspectivas", y luego se expresan mediante un "cuadro de mando" que representa los indicadores y metas, y luego se complementa con los planes de acción, o "iniciativas", hasta su desdoblamiento a los equipos e individuos, en su acción del día a día.

Figura 1-8: La Pirámide Estratégica y el BSC [9]

Ventajas del BSC

El BSC llena un vacío que existe en la mayoría de los sistemas de Planificación y Gestión: la falta de un proceso sistemático para ejecutar una estrategia y obtener una realimentación que permita su ajuste permanente. El Balanced Scorecard es reconocido por haber "revitalizado" a la planificación estratégica, que había decaído en su aplicación (algunas empresas hasta eliminaron sus departamentos de planificación estratégica), al proveer una conexión muy visible entre **Estrategia y Medición**. Este ha sido, tal vez, uno de los mas grandes aportes de la metodología a los procesos gerenciales de toma de decisiones.

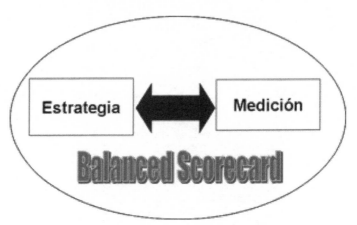

Figura 1-9: Estrategia, Medición y BSC

El BSC apoya la mayor efectividad de los procesos gerenciales porque:

- **Aclara y traduce la visión, la misión y la estrategia**. El proceso de construir un BSC permite establecer una definición clara de los objetivos de la empresa. Una vez que se establecen claramente los objetivos financieros y de clientes (ingresos, flujo de caja, crecimiento de mercado, segmento de clientes, etc.), la organización está en condiciones de identificar los objetivos e indicadores para sus procesos de negocio, así como para su aprendizaje y crecimiento sostenido.
- **Vincula los objetivos e indicadores estratégicos con la misión y la estrategia** El seguimiento continuo de los objetivos e indicadores genera el compromiso de todos los involucrados en una meta común: la ejecución efectiva de la estrategia de la unidad de negocios. Esto es posible debido a que dichos objetivos e indicadores fueron deducidos a partir de la fijación "a priori" de la estrategia de la unidad de negocios.
- **Asiste en la planificación estratégica para el mediano y largo plazo**. Los objetivos y los indicadores del BSC son establecidos hacia el futuro, en un período de corto, mediano a largo plazos. Deben ser ambiciosos y retadores, de modo que cuando son alcanzados provocan un cambio radical. El proceso de planificación y establecimiento de objetivos le permite a la empresa:

  - Cuantificar los resultados de largo plazo que desea alcanzar.
  - Identificar los mecanismos y proporcionar los recursos necesarios para alcanzar estos resultados.
  - Establecer metas a corto y mediano plazo para los indicadores financieros y no financieros del CM.

- Establecer los planes de acción o "iniciativas" específicas que impulsan el logro de las metas

- **Mejora la realimentación y la actualización estratégica.** El BSC facilita la vigilancia y el ajuste permanente de la estrategia. Por medio de revisiones de gestión periódicas (mensuales y trimestrales) es posible examinar de cerca si la unidad de negocios está alcanzando sus objetivos en cuanto a clientes, procesos y motivación internos en cuanto a empleados, sistemas y procedimientos. Las revisiones de la gestión son útiles para aprender del pasado y pronosticar sobre el futuro. El BSC ayuda a evaluar cómo se consiguieron los resultados pasados y a determinar si las expectativas para el futuro están en el buen camino.

El Proceso de Despliegue del Balanced Scorecard

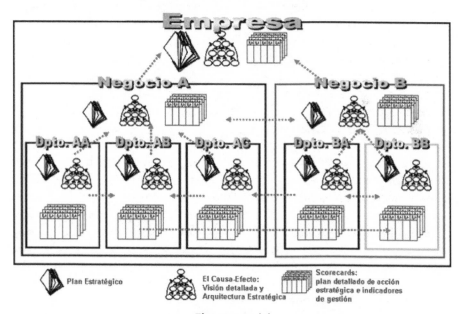

Figura 1-10 [10]

El proceso de desdoblamiento del BSC debe ser adaptado a cada organización. En algunos casos, todas las unidades responden a un mismo "mapa estratégico", identificando los objetivos que impacta cada unidad y luego asignando sus respectivos cuadros de mando que responden a esos objetivos. En otros casos, se requiere elaborar mapas estratégicos para cada unidad o negocio, partiendo del modelo corporativo, y luego se definen cuadros de mando para negocios, departamentos, direcciones, equipos de trabajo y personas.

1.7 Estrategia y Medición: de regreso a lo básico

¿Dónde están los indicadores en el proceso de planificación y de ejecución de la estrategia?

Hemos visto algunos de los diferentes modelos de planificación que usan las empresas. Como factor común, podemos ver que todos reflejan, en mayor o menor énfasis, la necesidad de *medir resultados.* Usualmente, los directivos de la organización suelen ver la medición asociada solamente a los procesos de "retroalimentación" mostrados en la figura 1. Sin embargo, desde el análisis externo e interno, se debe identificar la métrica adecuada para establecer metas, patrones de acción (iniciativas) para alcanzar esas metas, mismas que deben irse "aterrizando" o expresando con mayor definición y precisión, en la medida en que se avanza en el desdoblamiento de la estrategia hacia planes operativos e individuales. La Figura 1-11 refleja un replanteamiento de la Figura 1-1, considerando estas ideas.

Allí se ve que se tienen medidas (indicadores) para definir las expectativas de los grupos de interés (stakeholders), medidas clave de dirección (asociadas a los principios rectores), medidas de impacto a largo plazo (en los planes de negocio o estratégicos), medidas de impacto intermedio (en los planes a mediano plazo u operativos), medidas de proceso o resultados inmediatos (asociadas a la ejecución del día a día), medidas de resultados (para los procesos de seguimiento del día a día) y finalmente, las medidas de resultado y aprendizaje, que nos dan mecanismos e ideas para reformular la estrategia durante el proceso de evaluación y gestión general. En todo este proceso, debe establecerse un sistema de medición, que vincule estrategias, objetivos, indicadores, metas y acciones.

Durante nuestras sesiones de trabajo con empresarios, solemos hacer énfasis es este espectro de "indicadores" en relación al proceso de planificación y gestión.

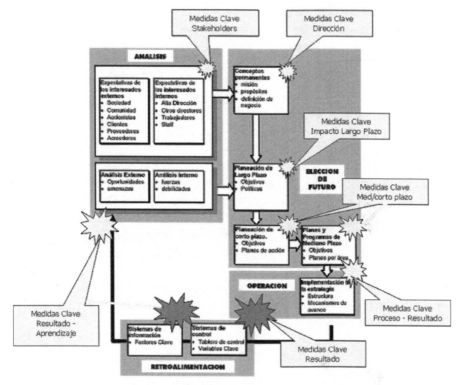

Figura 1-11

Pero solemos ir más allá. Muchos ejecutivos comienzan las sesiones de entrevistas con la aseveración de que tienen un conjunto de indicadores que miden, gestionan y controlan, pero que no están seguros si cubren los "aspectos relevantes necesarios". En ese momento, los invitamos a regresar a lo básico, los **principios rectores**: La Visión, la Misión y Los Valores.

Desde allí podemos identificar lo que denominamos:

- **Indicadores Estratégicos** *inspirados por la Visión y los Valores*. Los indicadores derivados de la visión y de los valores, tienden a ser específicos de una empresa, y en algunos casos pueden incluir indicadores que no son comunes en su industria. Estos indicadores, al vincularlos luego con objetivos estratégicos, se relacionan con objetivos de impacto directo en el logro de la visión, o con objetivos asociados a comportamientos deseados de los empleados o que impulsan el fortalecimiento de la cultura y del capital organizacional.

- **Indicadores Operativos,** *inspirados por la Misión.* Estos indicadores pueden estar ligados a factores de desempeño dentro de la industria, y en general son comunes dentro de la industria.

Veamos, como un ejemplo de esta aplicación, la Visión, Misión y Valores de una empresa de Telecomunicaciones para definir posibles indicadores derivados de sus *principios rectores* [11] :

Misión

"Mejoramos la calidad de vida de la gente en el país al proveer soluciones de comunicaciones que exceden las expectativas de nuestros clientes".

- Posibles Indicadores: Impacto en calidad de Vida (Subscriptores o Usuarios en relación a la población total, Subscriptores por tipo de servicio –fijo – móvil, Internet – acceso, Cobertura de regiones en relación a municipios cubiertos o poblaciones remotas), Tráfico (en millones de minutos, Larga Distancia Nacional e Internacional, Local).

Visión

"Ser el proveedor preferido de servicios integrales de telecomunicaciones del país, y satisfacer plenamente las necesidades específicas de nuestros clientes, siempre bajo exigentes patrones de ética y rentabilidad".

- Posible Indicadores: Financieros (Rentabilidad, EBIT, EBITDA, Margen, Utilidad Neta, Inversiones, Inversión de Capital en relación a los ingresos, Flujo de Caja, Utilidad por Acción). No Financieros: Satisfacción de Clientes por tipo de servicio, Preferencia (Top of Mind), Ventas Cruzadas (servicios integrales), Ética (casos documentados fuera de norma).

Valores de la organización

- **Compromiso con la organización:**
- **Orientación al negocio, al servicio y al cliente**
- **Responsabilidad por resultados**
- **Alto nivel de profesionalismo**
- **Responsabilidad social**

- Posibles Indicadores: Alineación de Objetivos personales con Organizacionales, Satisfacción de Empleados, Brecha de Competencias Críticas, Impacto Social (Inversión Social, avance de programas de acción social).

Como vemos, a partir de las definiciones básicas de la organización, sus *principios rectores*, podemos iniciar la definición de los indicadores clave de una organización.

Al final del día, para efecto de formular el "cuadro de mando" que acompañará al "mapa estratégico", se deben considarar una combinación inteligente de este sistema de indicadores estratégicos y operativos. Lo importante es considerar aquellos que mas impactan el logro de la Visión y la ejecución de la Misión, dentro de un marco de Valores organizacionales.

2

GESTIÓN Y CONTROL ESTRATÉGICO DE GESTIÓN CONCEPTOS, TENDENCIAS Y PRÁCTICAS

2.1 Gestión: vinculando conceptos

La gestión empresarial se asocia a las prácticas, organización, sistemas y procedimientos que facilitan el flujo de información para la toma de decisiones, el control, la evaluación y la dirección estratégica del negocio.

Así, la gestión es un conjunto integrado, como sistema, de acción y estructura, que permiten orientar a la empresa hacia mejores resultados. Dados los diversos orígenes de las escuelas, tradiciones y prácticas técnicas en nuestros países, el concepto de gestión suele estar asociado a términos como administración, gerencia (*management*) y control de gestión. Para efectos de el uso de los indicadores de gestión empresarial en el contexto que manejaremos, como elementos fundamental para la movilización de acciones y voluntades hacia la toma de decisiones de negocio, no enfatizaremos las diferencias entre estas diversas acepciones, sino que nos enfocaremos en la base común que las une: la toma de decisiones efectiva, basada en la evidencia de información y hechos, que garantice la ejecución de la estrategia planteada. La gestión está siempre al servicio de la estrategia [1], y en este sentido, es claro que lo que denominamos gestión es un sistema que se vincula con el entendimiento de una estrategia planteada y el establecimiento de los medios para alcanzar los objetivos de la empresa, proveyendo los medios para el flujo de información que garantice esa toma de decisiones efectiva.

Reconfigurando la Figura 1-1, podríamos expresar lo dicho en la siguiente forma:

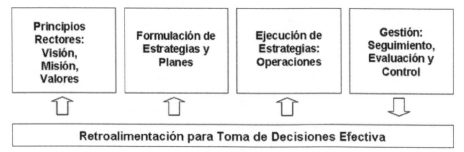

Figura 2-1: Estrategia y Gestión

De allí que podemos considerar la gestión en tres niveles:

- **Gestión Estratégica**: vinculada a los procesos de seguimiento, evaluación y control de la ejecución de estrategias de largo plazo. En su ejecución, se alimenta de lo reflejado en los resultados de la gestión táctica y la gestión operativa, que puedan impactar el logro de las estrategias de largo plazo. Fundamentalmente abarca el ámbito corporativo de las empresas, atendiendo a los resultados de negocios y funciones. Se puede manifestar en cambios de visión, lineamientos de negocio, estrategias de largo plazo, planes y objetivos estratégicos.
- **Gestión Táctica**: Se asocia al impacto de las acciones y decisiones del ámbito de las unidades de negocio y funciones o departamentos, en su capacidad de ejecución con impacto en el mediano plazo. Sus resultados, determinarán los logros, aprendizajes y decisiones de la gestión estratégica. Se puede manifestar en ajustes de los planes de mediano plazo, objetivos de unidades de negocio o funciones
- **Gestión Operativa**: Se vincula con las decisiones y acciones que generan resultados en el corto plazo, del día a día. Su alcance abarca lo que se ha denominado "equipos naturales de trabajo". Sus resultados, decisiones y acciones determinarán los logros, aprendizajes y decisiones de la gestión táctica y la gestión estratégica. Se puede manifestar en ajustes de objetivos de corto plazo, revisión de metas de la unidad o función, cambios y ajustes en programas y proyectos y revisiones o reformulaciones presupuestarias. En empresas complejas, por su alcance y tamaño, esta asociada al desempeño y resultados de las gerencias de negocio y funcionales, tanto del ámbito de las unidades de negocio, como de las funciones corporativas y departamentos.

Organizacionalmente, la aplicación o configuración de estos tres niveles de gestión, dependerá de la complejidad, por tamaño, diversificación o alcance de la empresa.

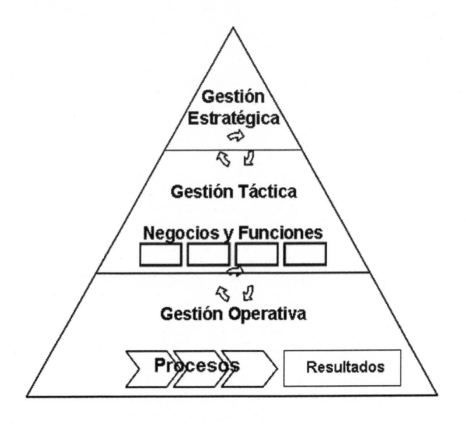

Figura 2-2: Niveles de Gestión

2.2 Las empresas buscan un nuevo modelo gestión

La gestión en la práctica empresarial es un paradigma en constante evolución, que nos ha movido de la gestión tayloriana (Frederick Taylor, 1898) a la gestión integral que prevalece en nuestros días.

Podríamos hacer un recuento de la evolución de la gestión desde el Código de Hammurabi hasta nuestros tiempos, sin embargo, para propósitos prácticos, nos guiaremos por lo ocurrido en los últimos cincuenta años.

La figura 2-2 muestra algunos de los elementos de la evolución de los componentes de la gestión, desde lss nociones dominantes de contabilidad y costos de los años 50, pasando por a la aplicación de los esquemas de cuadro de mando (que describiremos mas adelante en este capítulo) y planificación estratégica en los años 60 y 70. Hacia los años 70 y 80, los paradigmas de gestión dominantes se vinculaban con la gerencia por objetivos (MBO), la gestión de la calidad (modelos de calidad total), con enfoques de productividad y énfasis de gerencia financiera, mas que contable.

| 50´s | 60´s | 70´s | 80´s | 90´s | Y2K | 2007→? |

• ISO 9000
• Valor
• Performance Mgmt. /BSC-CMI
• Strategy Focused Organization

•Cadena de valor/mercado
•Gente
•Calidad/procesos/clientes
•Tecnología de Información

•Gerencia por objetivos
•Productividad
•Finanzas

•Modelos de empresa / Cuadro de Mando
•Planificación estratégica

• Elementos Contables / Cuadro de Mando
• Gerencia de Costos
• Proteccionismo de Sectores Empresariales por Estado

Figura 2-3, Evolución de paradigmas de Gestión

Hacia finales de los 80 se incorporan los conceptos y herramientas de cadena de valor, de Michael Porter [2] y se comienza a dar énfasis al valor de la gente en las empresas, concepto que madurará mas adelante hacia la gestión del capital humano. Se afianzan en este período los enfoques de calidad de procesos y gestión centrada en el cliente, con los aportes derivados de los avances de la gestión de tecnología de información. Hacia inicios de los 90, los enfoques de calidad comienzan a orientarse por las normas ISO-9000; se refuerzan las prácticas de "performance management" o gerencia del desempeño organizacional, y surgen prácticas como el Balanced Scorecard y la organización centrada en la estrategia (Strategy Focused Organization [3]). Todos estos paradigmas, han requerido de un componente aglutinador que ha facilitado su integración progresiva: el proceso de gestión o gerencia del cambio, que también ha agregado fortaleza y dinámica a este proceso integrador.

El elemento esencial en esta evolución, *es su carácter integrador*. A pesar de que las nuevas formas y modelos de gestión surgen en vista de que los paradigmas anteriores ya no dan las respuestas y capacidades requeridas para las nuevas realidades del entorno de los negocios; las prácticas de gestión de los períodos anteriores se van integrando en la mayoría de los casos con las nuevas, a pesar de que muchas surgen desafiando y desterrando a las prácticas anteriores. Vemos así, por ejemplo, que muchos de los conceptos del Balanced Scorecard se vinculan a los que habían surgido previamente de gerencia del valor, gerencia por objetivos y performance management. Igualmente, los conceptos de calidad total están cada vez mas presentes en los componentes de las ISO-9000 y Seis Sigma. De hecho, vemos que hay una enorme similitud entre las exigencias mas recientes de las normas ISO-9000 y los fundamentos del Balanced Scorecard y planificación estratégica.

De allí que hoy en día hablemos de los enfoques de "gestión integral", pues se basan en esta evolución integradora que permiten ver, evaluar y controlar el desempeño de las empresas, desde "diferentes lentes" o perspectivas de negocio, lo que guía a una toma de decisiones mas acertada, aunque no menos compleja.

2.3 La Gestión Integral en las Empresas

La naturaleza cada vez más compleja y más dinámica de las relaciones organizacionales en las empresas, y de éstas con su entorno, ha llevado a las mesas directivas nuevos esquemas gerenciales, con una concepción más holística para aproximarse a las realidades del mundo moderno. Surge así el planteamiento de la "gestión integral" que permite visualizar los resultados empresariales y sus tendencias de desempeño, mostrando tanto los diferentes componentes habilitadores, como los resultados específicos del negocio.

El aspecto financiero, en el pasado considerado como el parámetro más importante y hasta quizás el único para evaluar los logros de una empresa, hoy resulta insuficiente ante las nuevas realidades. Los parámetros financieros, como han sido manejados, son un reflejo de las estrategias del pasado y no necesariamente expresan las capacidades, productos y procesos que generarán valor en el futuro, como resultado de la implantación de las estrategias de hoy. Las mediciones financieras motivan comportamientos a corto plazo a expensas de perspectivas de largo plazo, y deben ser complementadas con elementos que manejen la prospectiva a través de la visualización de los componentes habilitadores o "impulsores de desempeño" que garantizan el éxito sostenido.

Esta "gestión integral", ha movido a las empresas a superar los principios taylorianos que dominaron el entorno de los negocios en el siglo pasado, incorporando nuevas tendencias de cambio en los modelos de gestión, tal como se muestra en la Figura 2-3. Estos cambios impulsaron la movilización de unos principios a nuevos principios que se resumen a continuación:

Algunas tendencias de cambio en los modelos de gestión	
De	A
Gestión Tayloriana, enfoque en aspectos parciales de la gestión	Gestión Integral: visualización conjunta de elementos habilitadores y de resultados
Gestión Contable	Gestión Financiera – Económica
Gestión por tendencias históricas – retrovisor	Gestión prospectiva atendiendo al entorno y del negocio
Visualización en particiones	Visión integrada Holística
Burocracia	Autogestión Empowerment
Gerencia de Costos	Gerencia del Valor
Procesos desagregados	Gestión del Cambio

Tabla 2-1

2.4 Las Prácticas de Gestión Integral

Algunas prácticas utilizadas por las empresas hoy en día para la gestión integral de los negocios incluyen:

- El Modelo de DuPont
- El Modelo del Cuadro de Mando
- El Modelo del Balanced Scorecard o Cuadro de Mando Integral

Veamos brevemente estas prácticas:

2.4.1 El Modelo de DuPont

Este modelo tiene sus orígenes a inicios del siglo pasado, en 1907 [4], cuando la empresa DuPont lo utilizó para mostrar y gestionar la situación contable y económica de la empresa. Aún cuando parece un modelo "viejo", es utilizado en gran medida en nuestros días por su planteamiento de visualización gráfica y cuantitativa de las condiciones financieras de la empresa. En la mayoría de los casos, se usa como un complemento de otras prácticas como el Cuadro de Mando y el Balanced Scorecard, para el componente de las variables financieras y económicas de las empresas. Con el tiempo, algunas empresas lo han utilizado mas allá de lo financiero, al presentar gráficamente en modelos parecidos al DuPont, los resultados operativos de producción, mantenimiento, mercadeo y ventas, entre otros.

El modelo de DuPont relaciona de una manera gráfica y cuantitativa, contrastando con los usuales modelos de tablas y números, las ganancias con los impulsores de las mismas representados en los componentes contables o financieros de las múltiples operaciones que realiza una empresa. Este modelo, debe ser adaptado a cada empresa, pues los componentes específicos y patrones de generación de ganancias son diferentes de una a otra. Una representación del modelo de DuPont para una empresa particular puede verse en la figura 2-4:

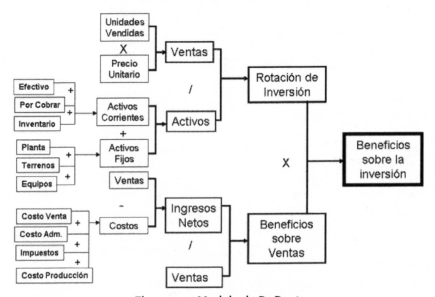

Figura 2-4: Modelo de DuPont

Una representación gráfica en otra empresa nos muestra su DuPont de Utilidad en Operaciones:

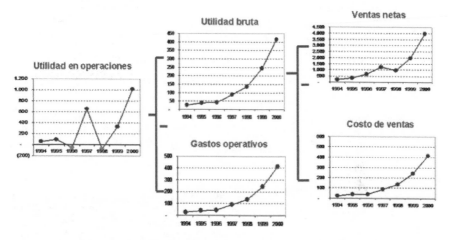

Figura 2-5: Modelo de Dupont, Utilidades en Operaciones

Otra empresa, como parte de su implementación del Balanced Scorecard, muestra como calcula algunas de sus variables financieras aplicando gráficos de DuPont:

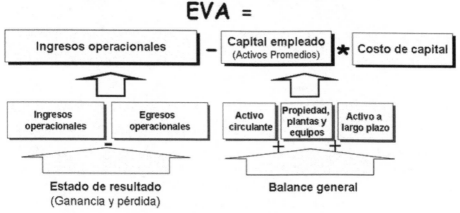

Figura 2-6 Modelo de DuPont del EVA

En la práctica, en su modalidad gráfica de la figura 2-5, el modelo de DuPont es usado para detectar las debilidades de la empresa y sus áreas de fortaleza, en cuanto a su situación económica. Como referimos, la idea del DuPont original se ha ido aplicando a otros componentes financieros como por ejemplo el EVA (Economic Value Added-EVA. Valor Económico Agregado-VEA), para evaluar de manera gráfica el comportamiento de sus variables componentes. De esta manera, es posible determinar la causa raíz de los impulsores o debilitadores del desempeño financiero de un negocio.

Algunas aplicaciones mas recientes vinculan los modelos de DuPont al uso de herramientas de software de simulación, muy útiles para propósitos de definición de las variables clave, impulsores de desempeño de alta sensibilidad, y para el establecimientos de metas determinadas a través de los "laboratorios de aprendizaje" (learning labs), que han establecido estas empresas. La figura 2-7 representa uno de estos modelos, que describiremos con detalle en el capítulo 5.

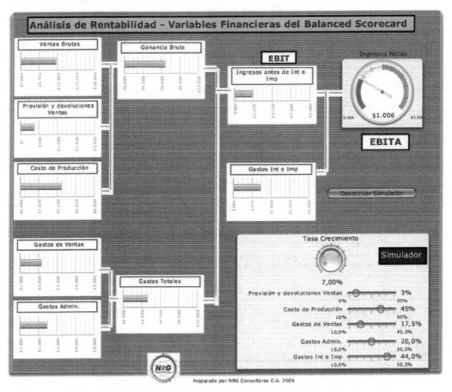

Figura 2-7 Modelo de DuPont, Simulador [5]

Algunos consultores se refieren al Modelo DuPont como el "cuadro de mando, o tablero de control de variables financieras".

2.4.2 El Cuadro de Mando

Hay varias versiones sobre el "cuadro de mando" en su aplicación en la práctica. Nos referiremos a continuación a dos de sus modalidades de mayor uso:

a. Cuadro de mando basado en áreas funcionales
b. Cuadro de mando basado en la clasificación básica de indicadores

Aunque las dos modalidades no son excluyentes, pues la segunda ha sido incluida como parte de la primera en el despliegue de los sistemas de medición por algunas empresas, las trataremos como dos modelos separados. En la explicación, será evidente la posibilidad de integrar ambas prácticas.

2.4.2.a El Cuadro de mando basado en áreas funcionales.

Desde el planteamiento de las áreas funcionales establecido por Henry Fayol en 1916, han sido múltiples los usos del mismo, incluyendo la organización de las empresas por áreas funcionales.

Uno de estos usos, que data de mediados del siglo pasado, es el de la "medición de desempeño por áreas funcionales". Esta medición suele presentarse en un resumen ejecutivo para la alta dirección de las empresas, que muestra los resultados de desempeño de cada área funcional: finanzas, producción, mercadeo, recursos humanos, etc. El nombre de "Cuadro de Mando Integral" que se ha dado en español a la metodología planteada por Kaplan y Norton (Balanced Scorecard), es un reflejo práctico de darle continuidad a la práctica del cuadro de mando, esta vez con la incorporación de los planteamientos de esta nueva metodología, que describiremos mas adelante.

De singular importancia en este modelo, es la búsqueda de complementar las medidas financieras establecidas en el modelo anterior (DuPont), con las variables de las cinco áreas funcionales típicas: mercadeo, recursos humanos, producción – operaciones, finanzas y administración. Esta complementación permite tener una visión mas completa del desempeño empresarial, al usar las áreas funcionales como el criterio para ordenar y clasificar la métrica.

En la siguiente figura vemos la representación de este planteamiento para una empresa de mediano tamaño:

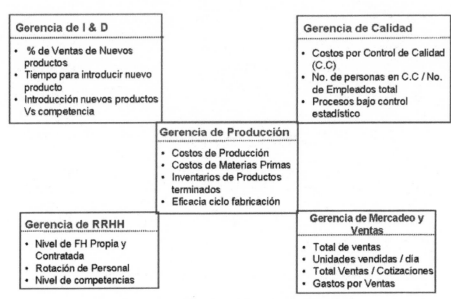

Figura 2-8, Modelo del Cuadro de Mando

Aún cuando se ha sido criticado el esquema de clasificación de la gestión por áreas funcionales, indudablemente, el planteamiento del cuadro de mando generó un gran aporte al mundo gerencial, al proponer el esquema de la visión global del desempeño de la empresa, como una totalidad, agrupando los desempeños de sus partes en un solo reporte ejecutivo, usualmente no mayor de diez páginas. Sin embargo, en la práctica, careció de algunos elementos importantes, tal vez derivados de la interpretación indebida de los propósitos del cuadro de mando:

- No se logra visualizar, o es difícil establecer, una relación de causalidad entre los diferentes indicadores, de diferentes funciones, y su impacto en el logro de la estrategia
- No se logra determinar una relación de sinergia o alineación de las diferentes funciones
- No se indica el seguimiento a proyectos clave que impulsan el logro de las metas
- El proceso de aprendizaje y participación se limita a la alta gerencia y a sus reportes inmediatos

Una versión del modelo de implementación del cuadro de mando que busca resolver en parte esta situación, es la que vemos en la siguiente figura:

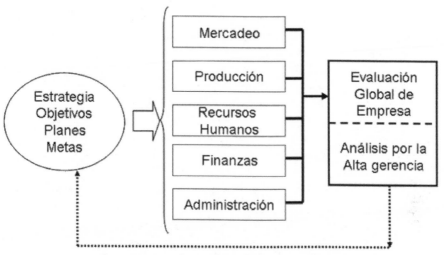

Figura 2-9 Cuadro de Mando, Empresa TELCO

En el capítulo 4 veremos algunos indicadores de uso para las diferentes áreas funcionales de este modelo, en su complementariedad con el Cuadro de Mando Integral.

2.4.2.b El Cuadro de mando basado en la clasificación básica de indicadores

Una clasificación básica de los indicadores los categoriza en cinco áreas específicas:

- Economía
- Eficiencia
- Eficacia
- Calidad
- Impacto o resultado

Algunas empresas y organizaciones sin fines de lucro o del gobierno, agregan otras categorías como Adaptabilidad, Mejoramiento y Equidad.

En el capítulo 3, trataremos en detalle estas clasificaciones, sin embargo para propósitos de la explicación que sigue, nos limitaremos a la clasificación tradicional de las cuatro categorías: economía, eficiencia, eficacia, calidad.

Este modelo sugiere que la gestión de seguimiento, evaluación y control mediante el cuadro de mando, se realice bajo esta clasificación fundamental de los indicadores, sin considerar la clasificación por las categorías funcionales.

Esta clasificación, con elementos de categorías y naturaleza diferente, permite establecer indicadores para objetivos estratégicos, programas y proyectos, que se muestran en forma tabular y que suelen estar asociados a la formulación presupuestaria para obtención y administración de recursos. Un ejemplo de este tipo de cuadro de mando se refleja en la Figura 2-10.

Bajo este modelo, en su despliegue organizacional, cada organización identifica los objetivos que le corresponden (estratégicos y específicos –operativos o funcionales), sus programas y proyectos asociados y luego establece los indicadores por las categorías que apliquen a cada caso.

Objetivo Programa/ Proyecto	Indicador de Eficiencia	Indicador de Eficacia	Indicador de Calidad	Indicador de Economía	Indicador de Impacto o resultados

Figura 2-10: Cuadro de Mando, clasificación de indicadores

En las aplicaciones de campo donde hemos usado este esquema, usualmente se definen indicadores de impacto o resultado para los objetivos estratégicos, e indicadores de las otras categorías en objetivos específicos, programas y proyectos.

En los reportes de resultados bajo este enfoque, suelen presentarse en su conjunto los diversos indicadores para hacer un análisis integral por objetivo, programa o proyecto.

En algunas empresas, este enfoque se ha complementado con el de las funciones presentado en la sección anterior, buscando la visión integral del desempeño, llegando a un esquema como el de la Figura 2-11.:

Indicadores/ Funciones	Indicador de Eficiencia	Indicador de Eficacia	Indicador de Calidad	Indicador de Economía	Indicador de Impacto o resultados
Mercadeo					
Producción					
Finanzas					
Administración					
Recursos Humanos					
Indicadores por función					

Figura 2-11: Cuadro de Mando, indicadores por funciones

2.4.3 El Modelo del Balanced Scorecard o Cuadro de Mando Integral

Ya vimos algunas de las cualidades de este modelo en su relación con la planificación estratégica, y que lo han situado en un lugar preferencial en muchas empresas con respecto a otras metodologías. Veamos algunas de sus cualidades como modelo de gestión.

Para comenzar, veamos algunas de las percepciones de los ejecutivos y empleados respecto a esta metodología. Desde el año 2000 hasta el 2003 realizamos una encuesta con ejecutivos, participantes de eventos de gerencia, cursos e Internet para ver su percepción sobre el enfoque del Balanced Scorecard. Ante la pregunta ¿En que pensó la primera vez que escuchó sobre el Balanced Scorecard o Cuadro de Mando Integral: en medición, en control, en estrategia o en cambio?. Luego de haber procesado unas 1.800 respuestas del mundo de habla hispana, estos fueron los resultados:

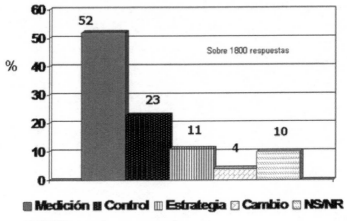

NS/NR: no sabe-no responde

Como se puede observar, el 75% de los encuestados relaciona al Balanced Scorecard con los mecanismos de Medición y Control. Sólo el 15% lo relaciona con Estrategia y Cambio. Esto nos dice que hay un enorme potencial de explotar la metodología como un mecanismo de gestión, pero que hay que reforzar la percepción de la metodología en su vínculo con la estrategia.

En años recientes, Kaplan y Norton, los creadores de la metodología, han hecho un énfasis sobre la importancia de la relación entre estrategia y balanced scorecard. Para una muestra, luego de su primer libro "The Balanced Scorecard, Translating Strategy Into Action", sus libros subsiguientes se llamaron "Strategy Focused Organization" y luego "Strategy Maps". Nótese el énfasis en estrategia, para balancear la percepción en cuanto al enfoque de medición y control.

Las traducciones en español de estos libros, lamentablemente han reforzado el énfasis en la percepción del Cuadro de Mando como un sistema de medición y control. La traducción inicial del segundo libro "Strategy Focused Organization" fue "Cómo Utilizar el Cuadro de Mando Integral" (luego fue corregido en ediciones posteriores). Bajo este título, uno podría pensar que se trataba de un manual de implementación, o un método paso a paso. Nada más lejos de la realidad. Afortunadamente, el tercer libro fue traducido como "Mapas Estratégicos".

Podemos identificar cinco aspectos de esta metodología que vienen a subsanar las deficiencias del Cuadro de Mando resaltadas anteriormente. El Balanced Scorecard:

- Destaca la necesidad de ALINEACION ESTRATEGICA, tal como se refleja en las figuras 1-8 y 1-10. El despliegue en cascada, vinculando objetivos de impacto e indicadores en una cadena de causa y efecto, asegura esta alineación

- Promueve la SINERGIA INTERFUNCIONAL, en este proceso de desdoblamiento de la estrategia, al ver el impacto mutuo de los diferentes objetivos e indicadores en la cadena de causa y efecto entre objetivos y entre indicadores de las diferentes *perspectivas*.

- Señala la estrecha vinculación entre ESTRATEGIA Y MEDICION, indicando que el sistema de gestión debe evaluar y controlar indicadores que midan si la estrategia (objetivo estratégico) se está logrando o no.

- Promueve la identificación y medición de elementos habilitadores de los resultados (lag indicators), a través de los indicadores denominados INDUCTORES DE ACTUACIÓN O INDICADORES GUÍA (lead indicators).

- Enfatiza la identificación de INICIATIVAS CLAVE que impulsan el logro de las metas de cada indicador, en su camino al logro de los objetivos estratégicos. El avance de estas iniciativas debe reportarse simultáneamente con los indicadores sobre los cuales generan impacto.

La diferencia estructural del Cuadro de Mando (CM) con el Balanced Scorecard – Cuadro de Mando Integral (CMI), es que el primero parte de la base de estructura de gestión por funciones o por características fundamentales de los indicadores, mientras que el segundo se basa en una estructura por "perspectivas" que se definen y responden a la relación de la organización con sus grupos de interés.

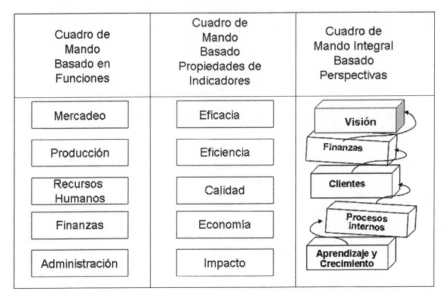

Cuadro de Mando Basado en Funciones	Cuadro de Mando Basado Propiedades de Indicadores	Cuadro de Mando Integral Basado Perspectivas
Mercadeo	Eficacia	Visión
Producción	Eficiencia	Finanzas
Recursos Humanos	Calidad	Clientes
Finanzas	Economía	Procesos internos
Administración	Impacto	Aprendizaje y Crecimiento

Figura 2-13: Comparación de Estructuras de CM y CMI

Podríamos decir que el Cuadro de Mando tiene una concepción "de adentro hacia fuera" y el Cuadro de Mando Integral (CMI) tiene una concepción "de afuera hacia adentro". Al partir de su relación con los grupos de interés (stakeholders) para definir la arquitectura de perspectivas, el CMI parte de lo externo hacia lo interno, para luego definir cómo la empresa responde a las expectativas, requerimientos y demandas de esos grupos de interés. El Cuadro de mando por su parte, inicia la estructura de gestión sobre la base de un conjunto de funciones o características de los indicadores, y luego los relaciona con procesos para responder al grupo de interés fundamental (accionistas en el caso de negocios) y en algunos casos reflejando su respuesta a la sociedad a través del balance social o la responsabilidad social empresarial.

La construcción del CMI sigue un proceso que se resume a continuación:

 Primero la estrategia y su marco de acción. La arquitectura del CMI se define sobre un conjunto de "perspectivas", que se relacionan de manera lógica en un "causa y efecto". En el modelo básico definido por Kaplan y Norton, las empresas como organizaciones con fines de lucro, típicamente colocan la Perspectiva Financiera en lo alto de la arquitectura, en respuesta a las expectativas de los accionistas. Luego se coloca la Perspectiva del

Cliente debajo (porque el desempeño con los clientes conduce al éxito financiero); luego los Procesos de Negocio (aquellos caminos con los que se proporcionan productos y servicios a los clientes y relacionados), y finalmente el Aprendizaje y Crecimiento (que representa las capacidades de su organización como las competencias de sus empleados-capital humano y su capacidad de asegurar la efectividad de los procesos con tecnologías y capital estructural u organizacional).

Entonces, dentro de las perspectivas, se colocan los objetivos estratégicos más críticos derivados del análisis estratégico, previamente elaborado con metodologías como el DOFA. Deben sintetizarse en su expresión y número para mantener los pocos críticos, (no más que 10-15 objetivos) que aseguren el "foco estratégico". Además de objetivos que se agrupan dentro de las perspectivas apropiadas, usualmente deben agruparse, de acuerdo a su intención estratégica, en grupos llamados "temas estratégicos". Luego se dibujan las relaciones de "causa y efecto" entre objetivos de las perspectivas, de abajo hacia arriba, que manifiestan las relaciones causales (intenciones causales) y muestran como cada uno contribuye hacia los resultados estratégicos finales. Este conjunto de objetivos distribuidos en perspectivas, enlazados en relación causa efecto y encadenados verticalmente en los llamados temas estratégicos, es lo que se denomina "Mapa Estratégico" o "Mapa de Estrategia"

Después, se construye el "Cuadro de Mando" o "Tablero de Comando" de alto nivel.

Una vez creado el Mapa de Estrategia, se debe reflexionar sobre los indicadores que medirán el logro de cada uno de los objetivos estratégicos allí representados. Se construye en forma tabular el cuadro de mando copiando las perspectivas y objetivos del Mapa de Estrategia. De aquí, la organización debería identificar la métrica (también conocido como KPI's o indicadores clave de desempeño), que determinarán si se está en la vía para lograr lo propuesto en cada objetivo. No deberían establecerse más de tres medidas como indicadores del logro para cada objetivo. Las metas para cada indicador también deberían ser determinadas y colocadas en el cuadro de mando para calibrar el desempeño de cada indicador. La mayor parte de tarjetas de los cuadros de mando también incluyen una banda de comportamiento tipo "semáforo", que nos dirá cuando estamos en verde (alto desempeño), amarillo (alerta) o rojo (bajo desempeño). El detalle de este proceso será definido en el capítulo 4.

Finalmente, se identifican las iniciativas de mejora, que son proyectos (de tiempo determinado) que se dirigirán a áreas críticas donde se requiere apuntalar el logro de determinadas metas.

Ahora, se diseña el despliegue en cascada.

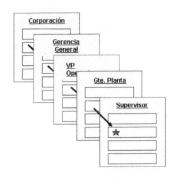

La alineación de objetivos, indicadores, metas e iniciativas de mejora es el paso final en la construcción del CMI. Pero este CMI de alto nivel es realmente sólo el primer paso en la construcción de un marco de dirección procesable. Para hacer de él un instrumento que realmente ayude a conducir a la organización a los resultados que se desean, y que ayude a ejecutar la estrategia, se tienen que "bajar" en cascada los objetivos y la métrica a través de la organización, creando el despliegue integrado, alineado, y relacionado – pero no idéntico – de "Balanced Scorecards" para cada área estratégicamente importante. En agunas de las aplicaciones, hemos usado para ello la conocida metodología del **SMART** para determinar los objetivos e indicadores (**S**pecific-Específico, **M**easurable-Medible, **A**ctionable-Accionable, **R**elevant-Relevante, **T**ime bounded-delimitado en tiempo). Esto apuntala el espíritu y la naturaleza de alineación del Balanced Scorecard, atando el nivel operativo-individual y los impulsores ínter funcionales del desempeño, con los resultados de alto nivel que por último determinan el éxito. Examinando y mejorando estas medidas de nivel operativo-individual, que tendrán ahora "una línea de vista" de su relación con las medidas de alto nivel, la empresa se orientará hacia resultados reales, previsibles, que pueden ser sostenidos para la ejecución de estrategia a largo plazo.

Desde el punto de vista del "vocabulario" utilizado por el BSC-CMI, hay que recordar que existen diferencias importantes con otras metodologías de planificación y gestión. El vocabulario se resume en la Figura 2-14:

Podemos identificar en la figura los siete componentes del Balanced Scorecard:

1. **Perspectivas**: las cuatro perspectivas típicas: Financiera, Clientes, Procesos y Aprendizaje. Las empresas pueden definir un esquema de perspectivas propio, sin embargo este es el mas común.

2. **Objetivos Estratégicos**: distribuidos dentro de las perspectivas (elipses o recuadro final).
3. **Mapa Estratégico**: relación de causa y efectos de los objetivos entre perspectivas. "Cuenta la historia de la Estrategia".
4. **Temas Estratégicos**: podemos visualizar dos temas en la figura: el tema de innovación que define el crecimiento y el tema de eficiencia operativa que favorece el uso óptimo de recursos.
5. **Indicadores**: elementos para seguimiento, evaluación y control.
6. **Metas**: nivel de desempeño requerido.
7. **Iniciativas**: reflejan las acciones, proyectos o programas que impulsarán el logro de la estrategia.

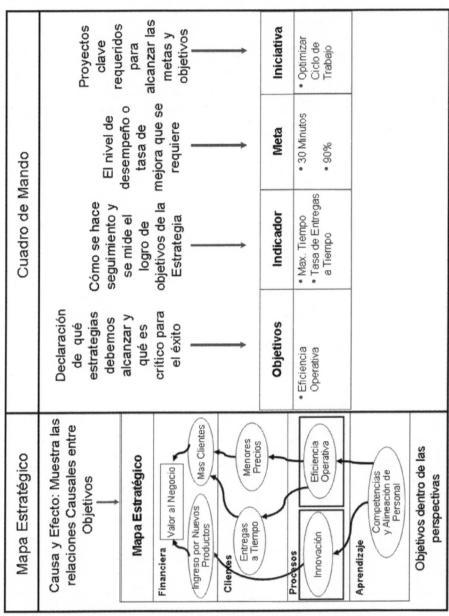

Figura 2-14: Componentes del Cuadro de Mando Integral

Mapa Estratégico y Cuadro de Mando

Los siete elementos del Balanced Scorecard, se agrupan y reflejan en los dos bloques estructurales del Balanced Scorecard:

1. **Mapa Estratégico**: modelos de relaciones de causa y efecto. Contiene las Perspectivas, los Objetivos, los Temas Estratégicos, con sus enlaces causales.
2. **Cuadro de Mando**: en el cuadro de mando se reflejan las Perspectivas, los Objetivos en cada perspectiva, los Indicadores, las Metas y las Iniciativas. Algunas empresas les agregan a este cuadro los responsables por cada iniciativa (proyecto o acción) y los presupuestos asociados a cada iniciativa.

En el capítulo 4 mostraremos algunos ejemplos con detalles de Cuadro de Mando Integral, describiendo algunos de sus componentes.

2.5 El Control de Gestión

2.5.1 Alcance y funciones del Control de Gestión

Cualquiera sea el método que se seleccione entre los descritos mas arriba, o entre otros usados para la gestión empresarial, debemos recordar que lo hacemos con el propósito de controlar si los "signos vitales" [6] de la empresa se están desempeñando dentro del rango acordado en los planes y presupuestos, durante un determinado periodo.

Los objetivos, sus indicadores asociados y el comportamiento de estos últimos con respecto a unas metas y rangos de desempeño, requerirán de acciones de seguimiento (monitoreo), evaluación y acciones proactivas de control, que garanticen el éxito sostenido de la empresa, a través de la toma de decisiones efectiva.

Vemos así que el control de gestión es un instrumento de gerencial, a todos los niveles de la organización dentro de los procesos de gestión estratégica, táctica u operativa, que apoyado en un conjunto de indicadores y reportes de desempeño, genera de forma sistemática, periódica y basado objetivamente en hechos e información, elementos que permiten a la empresa captar recursos y transformarlos eficientemente para generar valor a los accionistas (valor económico), a la sociedad (valor social) y al entorno (valor ambiental).

Para ello, el "controller" deberá recurrir a herramientas y sistemas de información estadística, financiera, administrativa y de operaciones, para generar información y reportes de manera oportuna, a efectos de que los tomadores de decisión dentro de la empresa logren llevar a cabo las decisiones proactivas, preventivas o correctivas, pero sobre todo acertadas y oportunas, con el fin de moldear la evolución en el tiempo de los "signos vitales" de los procesos empresariales, y de la empresa en su conjunto.

Las funciones del control de gestión se definen dentro del perfil de su directivo, que expresamos a continuación.

2.5.2 El Perfil del Directivo – Gerente de Control de Gestión

En Control de Gestión, de un control a posteriori, sobre hechos ya ocurridos y resultados ya obtenidos, se ha pasado a una Gestión Controlada, es decir, Control en el Origen y sobre todo del proceso. La práctica del Balanced Scorecard como modelo de dirección y gestión empresarial, se tradujo en una revisión de los esquemas de gestión, relación y mando en las organizaciones. La visión integral de gestión contrapuesta a la visión fragmentada tradicional, la relación íntima entre estrategia y medición, y la introducción de elementos no financieros habitualmente menospreciados o descartados por los altos niveles gerenciales, generaron cambios importantes en los modelos gerencia estratégica.

En este contexto, el rol Directivo de Control de Gestión es, principalmente, garantizar la coherencia, confiabilidad, pertinencia y relación estratégica de los diferentes indicadores y herramientas de gestión, las herramientas de tecnología de información y la integridad de los mecanismos de reuniones gerenciales para la toma de decisiones sobre la base del desempeño de los indicadores. Por otra parte, el Gerente de Gestión, debe apoyar aguas arriba a la gerencia general y aguas abajo a la gerencia de las unidades de negocio, unidades operacionales y funciones de apoyo (producción, mercadeo, ventas, finanzas, recursos humanos), con los mecanismos, mejores prácticas y análisis requeridos para la toma de decisiones dentro de sus ámbitos y en relación a su aporte al negocio (corporativo).

Relaciones organizacionales

El Gerente de Gestión, debe consolidar una alianza ínter funcional con las áreas de finanzas y las de planificación, así como la logística de alineación con las unidades operativas, para lograr una estrecha vinculación entre los elementos estratégicos y los elementos de gestión. Organizacionalmente se ubicaría como una unidad separada, reportando a los más altos niveles ejecutivos, como parte de la mesa directiva. También, dependiendo del tamaño de la empresa y de la madurez de la aplicación de metodologías, madurez que evitaría sesgos distorsionantes, podría estar ubicada bajo las estructuras de planificación o de finanzas.

Perfil

El Director o Gerente de Control de Gestión requiere fortaleza en formación financiera y de gestión, conocimiento y visión integral del negocio, conocimiento de las gestiones de auditoría financiera y del negocio, manejo fluido de relaciones con los niveles gerenciales y operativos, imagen de confianza, respeto e integridad. Con alto sentido de colaboración y trabajo de equipo, para actuar como apoyo estratégico ante los grupos ejecutivos, planificadores, financieros, operativos y de apoyo. Como fortaleza estratégica, deberá poder manejar un balance integrador entre el análisis requerido para manejar los detalles y la síntesis relacionada con el poder de comunicar las ideas y resultados, bajo un esquema balanceado, en contraposición a la visión fragmentada (por procesos, por funciones) de los negocios.

Responsabilidades

Algunas de sus responsabilidades serían:

- Apoyar y facilitar los procesos de toma de decisiones
- Asegurar la integridad en la definición de los indicadores
- Supervisar y coordinar los procesos de control que aseguren la ejecución de la estrategia
- Coordinar, ejecutar y consolidar los procesos de evaluaciones periódicas del desempeño organizacional, incluyendo su aporte en los componentes de pago por resultados en alianza con recursos humanos.
- Estructurar y comunicar los reportes de desempeño organizacional, bajo la agenda general de reuniones de análisis de desempeño estratégico
- Fortalecer y adecuar los sistemas de tecnología de información de apoyo a la gestión (estadísticos, financieros, operativos y funcionales)
- Establecer las mejores prácticas y procedimientos de gestión
- Asesorar a sus pares, a la alta gerencia y a las unidades operativas y de apoyo en sus procesos de gestión
- Proveer los resultados que sirvan de base para la definición de planes y prospectivas de la empresa
- Propiciar la participación del personal en el seguimiento, evaluación y control de sus acciones del día a día, fortaleciendo una cultura de medición, seguimiento y control

2.5.3 El Nuevo Rol del Controller

2.5.3.a EL Impacto y Evolución del Balanced Scorecard

El *Balanced Scorecard*, modelo definido por Robert Kaplan y David Norton originalmente (1992) como una visión integral de un sistema de gestión, que agregaba a los esquemas tradicionales de gestión financiera los elementos no financieros vistos desde los mas altos niveles organizacionales. La práctica la llevó a convertirse en un sistema de gestión estratégica, al vincular la traducción de la estrategia en acción, asociada a objetivos, indicadores, metas, iniciativas y recursos.

Con el inicio del uso de los "mapas estratégicos" o "modelos de causa y efecto", los gerentes lograron sintetizar de manera vinculante los elementos mas relevantes de la estrategia, con las medición de logro de los mismos y el seguimiento a las iniciativas o proyectos de mayor impacto.

Posteriormente, ante el cambio que el nuevo sistema de gerencia generó en el desempeño organizacional, particularmente en el contexto empresarial, la metodología adquiere un nuevo giro: se convierte en el motor del cambio y la transformación organizacional: nace así el modelo que los autores llaman "Strategy Focused Organization" (organización centrada en la estrategia).

2.5.3.b Cuatro décadas de evolución e integración

El control toma fuerza en la gestión de las empresas en las décadas de los 50 y de los 60, especialmente enfocada hacia en el control financiero de las organizaciones y donde, evidentemente, el dar garantía de que los dineros de la empresa están siendo bien utilizados es algo muy importante.

Luego de este inicio el concepto de control comenzó a evolucionar adquiriendo un nuevo significado con la aparición del enfoque cibernético de finales de los años sesenta, donde el control hombre máquina adquirió nuevas dimensiones, especialmente por cubrir todas las áreas de la empresa y por adquirir cierta sofisticación a través, principalmente, de conceptos como: retroalimentación y del principio de la variedad requerida de Winer.

Con el auge de la Planificación Estratégica de la década de los setenta, los Sistemas de Control Gerencial (Management Control Systems) se enfocaron en ser un apoyo a la ejecución de las estrategias y al logro de las metas que forman parte del Plan Estratégico, lo cual significó una ampliación y cambio de nivel en el concepto y aplicación gerencial del Control.

Con el giro conceptual de la gerencia de los años 80 y el auge del rol del ser humano como fuente de todo éxito empresarial, seres, que por otra parte, requieren de libertad y elevada motivación para poner al servicio de la empresa sus energías, inteligencia, creatividad y demás habilidades superiores, el rol del Control se ve obligado a adaptarse y volverse más una ayuda a la gente mostrándole como mejorar las cosas que hace y los logros que obtiene. Paradójicamente, se empieza a crear una cultura anti control, donde este se aprecia como molesto, punitivo, restrictivo y por lo tanto contrario a todas las nuevas situaciones empresariales, lo cual llevó a eufemismos, tales como evaluación de gestión y estadísticas.

Hacia finales de los 80 y durante los noventa, con la implantación de los Sistemas de Calidad de Gestión, toma auge el ver al Control y los procesos de retroalimentación que involucra como parte del aprendizaje organizacional y como una fuente muy importante de incrementar el acervo de conocimientos de la organización; entramos en la era del Conocimiento.

A nuestro juicio, hoy el Control debe entenderse fundamentalmente como parte del sistema de aprendizaje organizacional, que sustentándose en los lazos de retroalimentación compara dinámicamente lo que se deseaba lograr con lo efectivamente logrado, en conjunto con lo que se hizo, iniciativas, y en las condiciones y entorno en que se actuó, como fuente de aprendizaje a difundir en la organización y a documentar como parte del acervo de conocimientos de la empresa.

Toda la evolución descrita anteriormente, plantea una simultanea evolución del rol del "controller" dentro de las empresas, el cual se inicia centrado en el área financiera de la empresa, para actualmente ser un gestor del aprendizaje de la organización: un Director de Aprendizaje Organizacional (Chief Learning Officer), Director de Información y Gestión (Chief Information Officer), dentro del rol de Director de Conocimiento (Chief Knowledge Officer) o como una transformación de los roles tradicionales del Director Financiero (Chief Financial Officer). En algunas organizaciones, el proceso de gestión se ve como una extensión del proceso de planificación (planeación), bajo la tutela del Director de Planificación.

2.5.3.c Control de gestión, gestión controlada y rol del "controller"

En los años 80 se generó el auge del enfoque de la Calidad Total y uno de sus grandes aportes fue el de Calidad en el Origen, haciendo desaparecer el control de calidad al final del proceso, es decir sobre el producto terminado. Esto llevó a que las organizaciones de control de calidad pasaran a ser asesoras, apoyando la gestión de calidad que quedaba distribuida en el personal: todos pasaban a ser responsables por la calidad de lo que hacían, evolucionando de calidad en los productos a procesos de calidad.

En Control de Gestión la situación es similar, de un control a posteriori, sobre hechos ya ocurridos y resultados ya obtenidos, se ha pasado a una Gestión Controlada, es decir, Control en el Origen y sobre todo el proceso.

En esto ha contribuido mucho la tecnología de la Información (TI) que permite acceso a información en tiempo real y por lo tanto, a tener un control permanente sobre lo que la acción empresarial esta generando como resultados, permitiéndose acometer acciones de refuerzo o corrección de manera continua, y en algunos casos, instantánea.

Este hecho lleva, al igual que en la Calidad Total, a la situación de que todo el mundo sea responsable de lo que hace y los resultados que genera, dejando como rol al "controller" el de asesorar y apoyar en la estructuración de procesos bajo control y, como hemos dicho, a ser uno de los mejores constructores de la red de aprendizaje organizacional de la empresa, a través de la organización de como los procesos bajo control con sus lazos de retroalimentación generan el aprendizaje y registran el conocimiento derivado, difundiéndolo por toda la organización.

Esta situación es muy clara en el caso del Balanced Scorecard, donde la práctica nos muestra una alta vinculación entre este sistema de gerencia y los procesos de aprendizaje organizacional, tanto a nivel de las estructuras de las redes de conocimiento como de la creación de los centros de excelencia que conforman dichas redes. Esta situación se da tanto en el proceso de "diseño y construcción" del BSC, como en el proceso de "implementación" del BSC, mediante su incorporación a la agenda gerencial y de desempeño organizacional.

2.5.3.d El impacto en los Sistemas de Gerencia

La práctica del Balanced Scorecard como modelo de dirección y gestión empresarial, se tradujo en una revisión de los esquemas de gestión, relación y mando en las organizaciones. La visión integral de gestión contrapuesta a la visión fragmentada tradicional, la relación íntima entre estrategia y medición y la introducción de elementos no financieros habitualmente menospreciados o descartados por los altos niveles gerenciales, generaron cambios importantes en los modelos gerencia estratégica.

Los impulsores más significativos en la transformación de los sistemas de gerencia originados por el BSC incluyen los componentes fundamentales de un buen balanced scorecard:

- Atención y orientación de estrategias que respondan a los requerimientos de los distintos grupos de interés o "stakeholders", y no solo una orientación hacia accionistas o clientes.
- Un concepto integrador y de síntesis relacionado por perspectivas, bajo un esquema balanceado, en contraposición a la visión fragmentada (por procesos, por funciones) de los negocios.
- Un mapa estratégico como guía para la dirección estratégica. Un mapa que permite comunicar la estrategia a través de toda la organización y que orienta hacia una concepción estratégica más que operativa o táctica.
- Un conjunto de indicadores, vinculados al mapa estratégico, que proveen un panorama integral del desempeño en las diferentes perspectivas y temas estratégicos.
- Una visualización conjunta y balanceada de las capacidades internas (gente, cultura, procesos y tecnología), como elementos para dar respuesta a los requerimientos externos (accionistas, socios, comunidades)
- Una concepción balanceada entre corto y largo plazo, al permitir relacionar tanto en sus definiciones como en su seguimiento en el ciclo de conversaciones gerenciales, el logro de las metas de corto plazo con la capacidad de logro de largo plazo.
- El surgimiento e implantación de un ciclo de aprendizaje y dialogo estratégico, que complementa al ciclo de análisis operativo tradicional.
- Una concepción de participación en la acción por parte de todos los empleados, bajo esquemas de delegación más que de control.
- Un modelo que genera foco y alineación con altos componentes de proactividad a innovación.
- Una visión integral de los procesos de planificación, ejecución y gestión.

2.5.3.e El impacto sobre las responsabilidades del control: El nuevo rol del "controller" (más allá del control financiero)

La transformación de los procesos de planificación y gestión, la orientación hacia procesos de planificación continua y los nuevos esquemas y relaciones de la alta dirección hacia quienes juegan el rol de "controllership" en las organizaciones, definen su nuevo perfil de desarrollo y enfoque profesional:

¿Cuáles son las características que definen el nuevo perfil del "controller"? Qué factores del BSC influyen en este nuevo perfil?

En las figuras 2-15 a 2-17 se bosquejan algunas características del nuevo perfil, en comparación de las características que rigen los mapas mentales y de acción del "controller" tradicional. En ellas se destaca su orientación hacia la creación de valor, la gerencia estratégica, su rol de dirección del pensamiento estratégico más allá del control financiero, y una orientación general más preactiva para análisis de la consistencia y viabilidad de ejecución de planes estratégicos de la organización.

Rol Tradicional	Rol Requerido
Consolidador	**Usa Tecnología**
"0" tiempo para analizar	Consolidación – Análisis – Inteligencia de Negocio
Mucho tiempo para "montar información"	Dedicado al pensamiento estratégico
Enfoque Analítico	**Promotor, Poractivo, Control en el Origen**
Reactivo, control a posteriori	
Control Táctico/Operativo	**Control Estratégico-Creación de Valor**
Control Presupuestario	**Integra Planificación-Ppto.-Gestión**
Prepara información para directivos	**Interacción continua con directivos**
Sigue dirección de los negocios	**Se apoya en negocios para desarrollo de iniciativas**
No lideriza la agenda estratégica	**Guía – Orienta la Agenda Estratégica**
"Gerencia" el presupuesto	**Gerencia el portafolio de negocios**
Requiere competencias	**Forma y transfiere competencias – nuevas formas de pensamiento y acción**
	Visión y rol de consultor
Visión y rol de analista	**Orientado al aprendizaje**
Orientado al control	**Enfocado en relaciones – capital relacional**
Enfocado en poder	
Mucho manejo de información Poco pensamiento Estratégico	Foco en liderazgo de Estrategias Mucha interacción con negocios y entorno

Figura 2-15: del rol tradicional al rol requerido

En esta labor, el perfil exige que el "controller" mantenga un modelo de relaciones como consultor, proactivo, que conjuga el rol de estratega-planificador y controlador, que a la vez que maneja el desempeño de la organización, también valida las hipótesis estratégicas establecidas en el "mapa estratégico" del BSC. El perfil exige que el "controller" se convierta en el "gerente del Cuadro de Mando Integral", velando por su correcta implantación, renovación, actualización y operacionalización.

Asimismo, su vinculación en la asignación de recursos y en el manejo presupuestario, se orienta hacia la diferenciación entre el presupuesto estratégico (de las iniciativas estratégicas con apoyo a los objetivos) y el presupuesto operacional (el de operación y mantenimiento). Se pasa así a esquemas como el presupuesto continuo, lo que afecta la dinámica de gestión empresarial, más aún si se complementa con el Costeo Basado en Actividades (ABC).

Cual es el enfoque con el cual debe aproximarse el "controller" al desempeño del negocio mediante el CMI?

En la aplicación del CMI, para efectos de evaluación de la gestión, el modelo de aproximación del "controller" cambia de enfoque: Los aspectos cualitativos y no financieros adquieren mayor importancia en el mundo de hoy. Los modelos de relación empresa-comunidad-clientes-accionistas-empleados redefinen las variables a considerar.

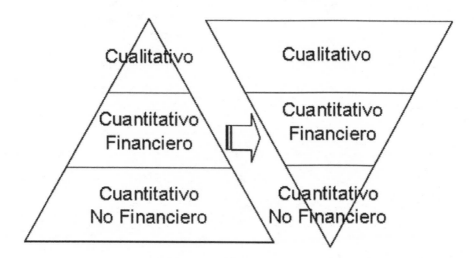

Figura 2-16: Enfoque de Evaluación del "controller"

El balance entre los componentes de las diferentes perspectivas obliga a buscar patrones de creación y generación de valor más allá de lo financiero.

Bajo el modelo del BSC, cuáles son los principales roles del "controller"?

El modelo tradicional de selección de personas para su desarrollo en el área de "controllership" o de Evaluación y Control de la Gestión, está orientado mayormente hacia coordinación, evaluación, control.

El nuevo modelo, ubica a la persona más hacia el área de estrategia, jugando el rol de consultor, catalizador y cuestionador, potenciando sus capacidades como apoyo a la dirección para el logro de la estrategia.

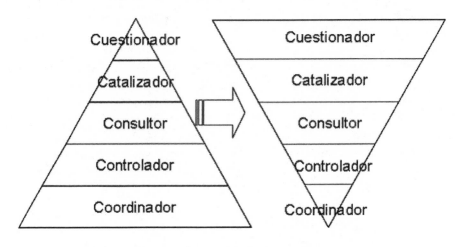

Figura 2-16: Roles del "Controller"

3

LAS MEDIDAS
LOS INDICADORES EN LOS SISTEMAS DE GESTIÓN EMPRESARIAL

3.1 Las Medidas, Importancia y uso

Las medidas son básicas, "si no se mide lo que se hace, no se puede controlar y si no se puede controlar, no se puede dirigir y si no se puede dirigir no se puede mejorar"; esto es así de simple.

Los Sistemas de Medición establecen un mecanismo sistemático y permanente de monitoreo del avance, resultados y alcance de la operación diaria para evaluar el cumplimiento empresarial, usando indicadores y metas.

Las medidas y su impacto en el mundo de hoy se enfocan en:

- Monitoreo de resultados vs. monitoreo de actividades
- Generan información vital para la toma de decisiones
- Permiten ubicar el nivel de eficiencia y eficacia, sin dar margen a la ambigüedad
- Realización de una evaluación y comparación de planes y resultados
- Difusión del logro de objetivos

Las medidas son el punto donde comienza el mejoramiento, porque permiten comprender cuáles son las metas y en que nivel de ellas estamos. Sin éstas, el cambio y el mejoramiento de las organizaciones se dificulta enormemente. Las medidas se pueden utilizar para:

- Comprender lo que ocurre.
- Analizar la necesidad y el impacto del cambio.
- Garantizar que se generen ganancias y minimizar las pérdidas.

- Corregir las condiciones que se salen de control.
- Establecer prioridades.
- Decidir las responsabilidades.
- Determinar cuando debe darse capacitación y formación adicional.
- Planificar acciones para satisfacer las nuevas expectativas del cliente
- Proporcionar programas realistas.

La medición genera y motiva comportamientos. ¿Por qué el empleado que se queja de lo arduo que ha trabajado durante todo el día, se marcha a casa y juega tres "sets" de tenis (el cual consume el doble de energía que en sus ocho horas de trabajo) y se siente encantado de hacerlo? Porque experimenta un sentimiento de logro cuando el sistema de medidas le ofrece una retroalimentación directa. ¿Por qué la gente no corre de un lado a otro de la calle golpeando con su raqueta de tenis una pelota que vale 5$.? El hecho es que al lanzar la pelota en la calle no experimenta el mismo sentimiento de logro porque no existen normas que rijan esta actividad, ninguna persona se involucra en el juego para ver cómo está desempeñándose, y no hay triunfo ni derrota.

3.2 Medición y gerencia

En general, la gerencia realiza una labor insatisfactoria cuando no establece medidas para los procesos de negocio de la empresa. Las personas quieren que se les evalúe, necesitan que se les mida. Los trabajadores mediocres son los únicos individuos que no desean ser evaluados. En efecto, si la gerencia no establece los sistemas apropiados, los buenos ejecutores idearán formas de evaluarse a sí mismos para demostrarle lo bien que están actuando. Sin embargo; con frecuencia sucede que tales medidas no son tan importantes para la empresa. La gerencia debe trabajar con los empleados para establecer medidas que tengan significación, tanto para ellos como para la organización.

3.3 Medición y mejoramiento

La medición es importante para el mejoramiento por varias razones:

- Centra su atención en factores que contribuyen a lograr la misión, visión y objetivos estratégicos de la organización.
- Muestra la efectividad con la cual se emplean los recursos.
- Ayuda a fijar las metas y a monitorear las tendencias.

- Proporciona la entrada ("input") para analizar la causa raíz y la fuente de los errores. Ayuda a identificar oportunidades de mejoramiento progresivo.
- Proporciona un medio para saber si se están obteniendo ganancias, reforzando procesos productivos.
- Ayuda a monitorear el progreso en factores como eficiencia y eficacia.
- Estimula el trabajo en equipo e impulsa el crecimiento personal de sus integrantes.
- Impulsa los procesos de innovación y cambio, identificando oportunidades de mejora de procesos que requieren reorientar esfuerzos o redefinir actividades.
- Ayuda a determinar el grado de logro de los objetivos y metas propuestas.
- Apoya las decisiones para priorizar actividades y uso de recursos, apoyados en factores críticos de éxito.
- Aporta elementos de información para toma de decisiones basada en hechos, a los efectos de reorientar políticas, estrategias, objetivos, metas y acciones estratégicas

3.4 Dimensiones de la medición

Para los efectos del control de gestión empresarial, muchas organizaciones analizan los indicadores de desempeño con el modelo que comúnmente se conoce como las "3 E": *Economía, Eficiencia y Eficacia* [1]. Es común agregar a este trío el componente de *Calidad* de forma separada de la clasificación de "Eficacia", aunque es comúnmente entendido que la Calidad es un atributo de la Eficacia.

Veamos las definiciones asociadas a esta clasificación:

3.4.1 Medidas de Economía:

Las medidas de *Economía* reflejan la capacidad para generar y movilizar adecuadamente los recursos financieros en pos del logro de la misión y la visión del negocio. La administración de recursos exige al máximo disciplina en el manejo del flujo de caja, el presupuesto, la preservación del patrimonio y la capacidad de generación de ingresos. Es así que los indicadores de economía deben representar cuan adecuadamente son administrados los recursos utilizados para la generación de los bienes y servicios.

3.4.2 Medidas de Eficacia

Las medidas de *Eficacia* reflejan el grado en que son satisfechos los objetivos o metas planteados por la organización y las expectativas establecidas por los clientes. Un componente o atributo de la *eficacia* es la *calidad*.

Algunos autores señalan que la eficacia tiene que ver más bien con la "calidad" de los supuestos o premisas que sustentan la formulación de los objetivos y la capacidad de la organización para definirlos, en razón de su interpretación del entorno. Bajo esta definición solo podrá ser posible medir la eficacia "expost", una vez que se puedan validar hasta que grado eran válidos los supuestos o premisas que nos llevaron a establecer los objetivos y metas.

Para efectos de este libro, tomaremos la definición más comúnmente aceptada de asociar la *Eficacia* como el grado en que se cumplen los objetivos y metas.

3.4.3 Medidas de Eficiencia

Las medidas de *Eficiencia* reflejan hasta que punto los recursos se minimizan y se elimina el desperdicio en la búsqueda del logro de resultados. Se entiende por desperdicio todo lo que sea distinto de los recursos mínimos absolutos de materiales, maquinarias, mano de obra, y en general, recursos necesarios para agregar valor al producto.

Bajo esta definición, la productividad es una medida de eficiencia.

3.4.4 Medidas de Calidad

Dimensión especifica del concepto de eficacia. Se refiere a la capacidad de la organización para responder en forma rápida y directa a las necesidades de sus clientes. Son elementos de la calidad factores tales como: oportunidad, accesibilidad, precisión y continuidad de la entrega del servicio, comodidad y cortesía en la atención.

3.4.5 El concepto de Efectividad

El concepto de "efectividad", se refiere al indicador de impacto o de resultado final, y en este libro usaremos indistintamente el término de efectividad o impacto para referirnos a los efectos finales del producto (bien o servicio) o programa que se está evaluando.

Efectividad es tener un producto apropiado en el lugar apropiado y con los requerimientos y atributos asociados. En este sentido, la efectividad combina los componentes de eficacia y eficiencia (Figura 3-1). La efectividad tiene un impacto sobre el cliente o entorno que es "afectado" por los bienes o servicios generados, así como en el aprovechamiento adecuado de los recursos usados para generarlos.

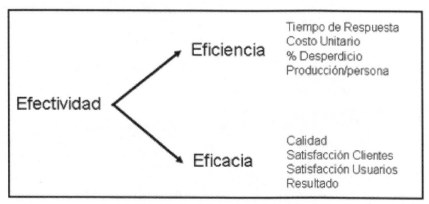

Figura 3-1: Efectividad, Eficacia y Eficiencia

La figura 3-2 refleja como se manifiestan estos conceptos ante los procesos empresariales. Los procesos tienen entradas, actividades, condiciones mensurables del proceso, resultados (outputs) e impactos (outcomes). Asociados a este proceso, están los elementos y medidas de economía, eficiencia, efectividad y calidad.

Figura 3-2: Eficiencia, Eficacia, Economía, Calidad en la cadena de los procesos empresariales

3.4.5 Otros conceptos asociados y clasificaciones adicionales

En el mundo moderno, en razón de los elementos de balance social, se han agregado otras clasificaciones para los indicadores o medidas empresariales, como son:

- **Equidad**: una medida de la "justicia social", como por ejemplo el de equidad de género en la toma de decisiones o en los esquemas de producción, uso de recursos o destino de bienes y servicios.
- **Impacto**: relacionado con los beneficios o resultados de largo plazo en el entorno, bien sea asociados a la generación de valor económico, valor social o valor ambiental.
- **Adaptabilidad**: medidas asociadas a la capacidad de cambio y adaptación de la organización a la evolución permanente de las condiciones del entorno. Indica la flexibilidad de la organización para dirigir las expectativas futuras y cambiantes del cliente y los requerimientos especiales e individuales del cliente de hoy. Se trata de dirigir a la organización para satisfacer las necesidades especiales del presente y los requerimientos del futuro
- **Conocimiento y aprendizaje**: la capacidad de las organizaciones de aprender, determinando las variables que afectan su desarrollo, generando capacidad de anticipación cuando alguno de los factores que la afecta, bien sea internos o externos, esté a punto de cambiar.

3.4.6 Algunos usos prácticos de las Dimensiones de los Indicadores

Ya hemos visto algunas aplicaciones prácticas de la clasificación y evaluación de indicadores bajo las dimensiones de Eficacia, Eficiacia, Economía y Calidad en la sección 2.4.2.b al referirnos al Cuadro de Mando basado en la clasificación básica de indicadores (ver figuras 2-10 y 2-11). Veamos a continuación otra aplicación práctica.

Las empresas pueden evaluar el conjunto de procesos organizacionales o por función, y ver el estado de desempeño de cada uno. Pueden clasificarlos, según su desempeño en Eficacia y Eficiencia (para ver su Efectividad) según una escala de: Defectuoso, Regular, Satisfactorio, Bueno, Superior o Clase Mundial (World Class). A partir de allí, puede decidir que procesos acepta seguir realizando bajo las escalas de Bueno o Menor, y sobre qué procesos hacer una tercerización (outsourcing), por ejemplo. También tomar decisiones de estrategias de inversión o sostenimiento en otros procesos en los que desea desempeño superior o clase mundial. La Figura 3-3 refleja esta aplicación.

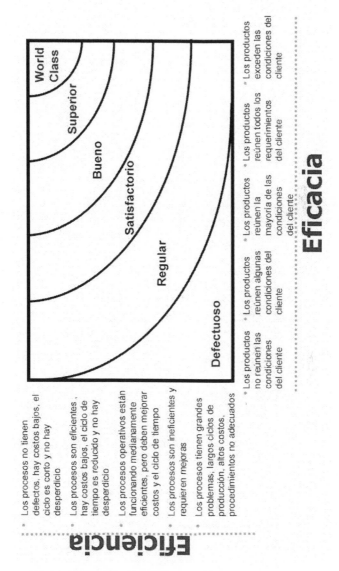

Figura 3-3 Clasificación de efectividad de procesos [3]

Otra aplicación práctica puede ser el determinar en que "modo" de pensamiento está su organización. Suponga que su organización está orientada hacia una estrategia de "reducción de costos, o eficiencia operativa, sin afectar la calidad". Se hace un inventario de los indicadores y se convoca a los miembros de la organización para que ellos mismos coloquen en una cuadrícula como la de la figura 3-4 los indicadores que se usan, según corresponda, en cada una de las clasificaciones.

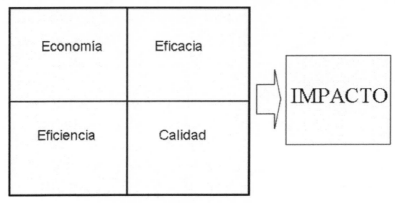

Figura 3-4: Balance de Indicadores

Bajo la estrategia definida de "reducción de costos sin afectar la calidad" se esperaría tener cierta cantidad de indicadores en estas clasificaciones, tal vez en un número superior a las otras clasificaciones. Cuando menos un balance entre eficiencia y calidad. Si los indicadores se inclinan, por ejemplo, mas hacia la eficiencia que hacia la calidad, probablemente el resultado final del negocio llevará a tener una calidad disminuida, aunque se logre la reducción de costos.

Seguramente, en su empresa, usted encontrará otras aplicaciones prácticas de esta clasificación, aparte de reflejalas en su cuadro de mando, para demostrar que está manejando adecuadamente los recursos, logrando los objetivos y metas propuestas, con una calidad a satisfacción de los clientes, los usuarios y el entorno, y además, con unos excelentes resultados en términos del impacto en el valor económico esperado.

3.5 Metodología para la definición de Indicadores de Gestión Empresarial

Los indicadores de gestión se definen como un conjunto de variables que miden un proceso o situación. El propósito que persigue un indicador de gestión varia de acuerdo a su uso; en general pueden utilizarse para comprender la situación actual, analizar el estado de los procesos, controlar los procesos, regular parámetros de los procesos, aceptar o rechazar, etc.

Como vimos en la sección anterior, existen distintas familias de indicadores, hay algunos indicadores que miden la satisfacción del cliente, otros miden la efectividad en el cumplimiento de los compromisos o metas, otros miden la eficiencia de los recursos utilizados, hasta los hay para medir la motivación y el mejoramiento del recurso humano. En fin, todo proceso que genere estadísticas o medidas pueden ser regulad, controlado o mejorado con la información que se obtiene a través de un indicador de gestión.

Por otra parte, un indicador de gestión o variable de medición puede a su vez dividirse en varios indicadores de gestión.

En este contexto, debe definirse una metodología estructurada para establecer los indicadores. En la figura 3-5 se representan las fases genéricas que nos permiten esta definición de indicadores de gestión empresariales:

Figura 3-5 Metodología para Definir Indicadores

A partir de esta metodología general, los indicadores se construyen considerando los siguientes elementos:

1. Nombre del indicador
2. Objetivo (estratégico, táctico, operativo) a cuyo logro está asociado
3. Definición del indicador
4. Intención de la medición.
5. Nivel de referencia.
6. Unidad de Medición.

7. Periodicidad.
8. Responsabilidad.
9. Fuentes.
10. Fuentes y enfoques para establecer las metas
11. Relaciones
12. Sistema de procesamiento o toma de decisiones.
13. Metas
14. Notas y Supuestos
15. Próximos Pasos

A continuación se detallan cada uno de los elementos anteriormente señalados.

3.5.1 Nombre del Indicador: El nombre debe ser concreto y no generar ambigüedades. Debe ser diferenciador. Si se habla de un indicador de "Siniestros", debe colocarse un "apellido" al mismo que identifique a que tipo de siniestros se refiere, pues esto determinará su alcance, unidades y otros elementos del patrón de definición del indicador.

3.5.2 Objetivo a cuyo logro está asociado: se refiere al objetivo estratégico, táctico u operativo al cual está asociado el indicador. Como vimos, el Cuadro de Mando Integral exige que haya una vinculación directa entre estrategia y medición. Este aspecto de la "arquitectura" del indicador, refleja esta relación

3.5.3 La Definición, esto es, una descripción de la variable que se quiere medir, también puede ser definida como una expresión matemática o fórmula que cuantifica el estado de la característica o hecho que se quiere controlar. La definición de una variable debe ser específica y debe evitar incluir causas / soluciones. En algunos casos, como el de satisfacción del cliente, se refiere a alguna escala de medición y a un instrumento que se usa para medirla.

3.5.4 La Intención del indicador debe estar muy clara, expresa la razón de ser de la medición y lo que se pretende (maximizar, minimizar, eliminar, etc.) con el mismo. En la intención del indicador se deben determinar las acciones a tomar en casos de contingencias (medidas preventivas y correctivas).

3.5.5 El nivel de referencia permite definir desviaciones, en algunos casos se transforma en meta. Existen distintos niveles de referencia: histórico, estándar, teórico, a requerimiento, competitivo, político, mensual, consensual o planificado, de benchmarking, entre otros.

3.5.6 La Unidad de Medición se refiere a la unidad en que se mide el indicador, bien sea en miles, millones, dólares, pesos, km., etc. La definición exacta de las unidades elimina dudas al respecto.

3.5.7 La Periodicidad está definida por la frecuencia en que debe ser tomada la medida y la frecuencia en que se evalúa o se reporta. La frecuencia en que se toman los datos suele ser mayor o igual a la frecuencia en que se evalúa. Por ejemplo, se toman los datos semanalmente y se evalúa (reporta) en su conjunto mensualmente.

3.5.8 El responsable, es quien actúa de acuerdo a la información que suministra el indicador y su posible desviación del nivel de referencia. Debe existir un responsable por fijar la meta, un responsable por cumplir la meta y un responsable por hacer el control de la gestión. Por razones de auditoría, el primero debe ser diferente del segundo, aunque cada ves con mas frecuencia, quien ejecuta la acción es quien hace el seguimiento y quien controla y reporta.

3.5.9 Las Fuentes o los puntos de lectura o medición se refieren a dónde y cuándo se deben realizar las mediciones. Puede estar referido a sistemas de información de gestión, sistemas contables, financieros, de recursos humanos, operativos, de mercadeo.

3.5.10 Fuentes y enfoques para establecer las Metas: Existen distintos métodos: histórico, estándar, teórico, a requerimiento, competitivo, benchmarking, político, consensual o planificado, entre otros. Debe indicarse específicamente la fuente y el método seleccionado, así como el enfoque utilizado: Eficiencia, Eficacia, Economía, Calidad, Impacto.

3.5.11 Las Relaciones se refiere a la interrelación del indicador con otro previamente definido. Es frecuente en indicadores compuestos (aquellos que se componen en una fórmula, razones o proporciones, como los indicadores de eficiencia)

3.5.12 El sistema de procesamiento o toma de decisiones se refiere a la forma, (manual o automática) como debe ser recolectada la información, dónde y cómo será procesada. Aquí puede indicarse el tipo de gráfico a usar para evaluar y presentar la información (barras, líneas, pareto, radial, etc.)

3.5.13 Las Metas son los valores de referencia o nivel acordados en cuanto al desempeño que debe ser alcanzado para satisfacer los objetivos de la organización. Hoy en día, suele estar referido a bandas de comportamiento que tienen un umbral de desempeño (nivel de referencia acordado), y a partir de éste se definen niveles de desempeño, como por ejemplo, superior, satisfactorio o inaceptable. Mas adelante en este capítulo nos referiremos a las metas en detalle.

3.5.14 Notas y supuestos: Algunos tipos de indicadores están sujetos en su desempeño a determinadas variables o en su alcance, solo incluyen algunos componentes. Por ejemplo, si un indicador depende de la tasa de cambio de la divisa, debe indicarse el valor de cambio usado para establecer la meta como un supuesto. Si este cambia, deberán revisarse las metas.

La temporalidad de las metas es un factor relevante. Deben definirse al menos siete periodos para seguimiento: tres del pasado que muestren meta y resultado, el periodo actual que muestre meta y resultado (o resultado parcial), y tres periodos hacia el futuro, que muestren la tendencia deseada o requerida, con las metas a futuro. Esto nos permite ver, no una foto, sino "la película" con las tendencias y los patrones de comportamiento reales, efectividad de establecimiento de metas en el pasado y otros patrones de comportamiento del indicador que luego serán expresados gráficamente para su análisis.

3.5.15 Próximos pasos: un indicador y su desempeño evolucionan. Por lo tanto, suelen establecerse acciones a futuro en relación a los mismos, con un cronograma de acciones. Por ejemplo, si se tiene una cartera diversa de clientes, clasificada en VIP y Generales, y solo se ha medido la "Satisfacción de Clientes" para los VIP, un próximo paso puede ser "incluir a los clientes Generales para la medición de septiembre 20xx". Además se bebe acotar en las notas y supuestos que "solo incluye a clientes VIP". De otra manera habría que cambiar el nombre del indicador para especificar que se trata solo de los clientes VIP.

El registro de este patrón de diseño de un indicador, se puede reflejar en una plantilla como la representada en las figuras 3-5 y 3-6.

Definir un indicador

Objetivo Estratégico:

Nombre del Indicador:
Intención de la medición:

Frecuencia de actualización:

Unidades de medición:

Definición/Fórmula de mediciones:

Notas/Supuestos:

Frecuencia de evaluación:

Próximos pasos:

La Información de la medición está:
— Disponible actualmente
— Disponible con pequeños cambios
— NID

Elementos y fuentes de información:

Fuentes y enfoques para establecer las metas :

	2003	2004	2005	2006	2007	2008	2009	2010
Nivel de Referencia:								
Meta								

Responsable de la fijación de metas:

Responsable para cumplir la meta:

Responsable del seguimiento / Reporte :

Medición disponible :

Figura 3-5 Plantilla de Indicador (cedida por NRG Consultores C.A.)

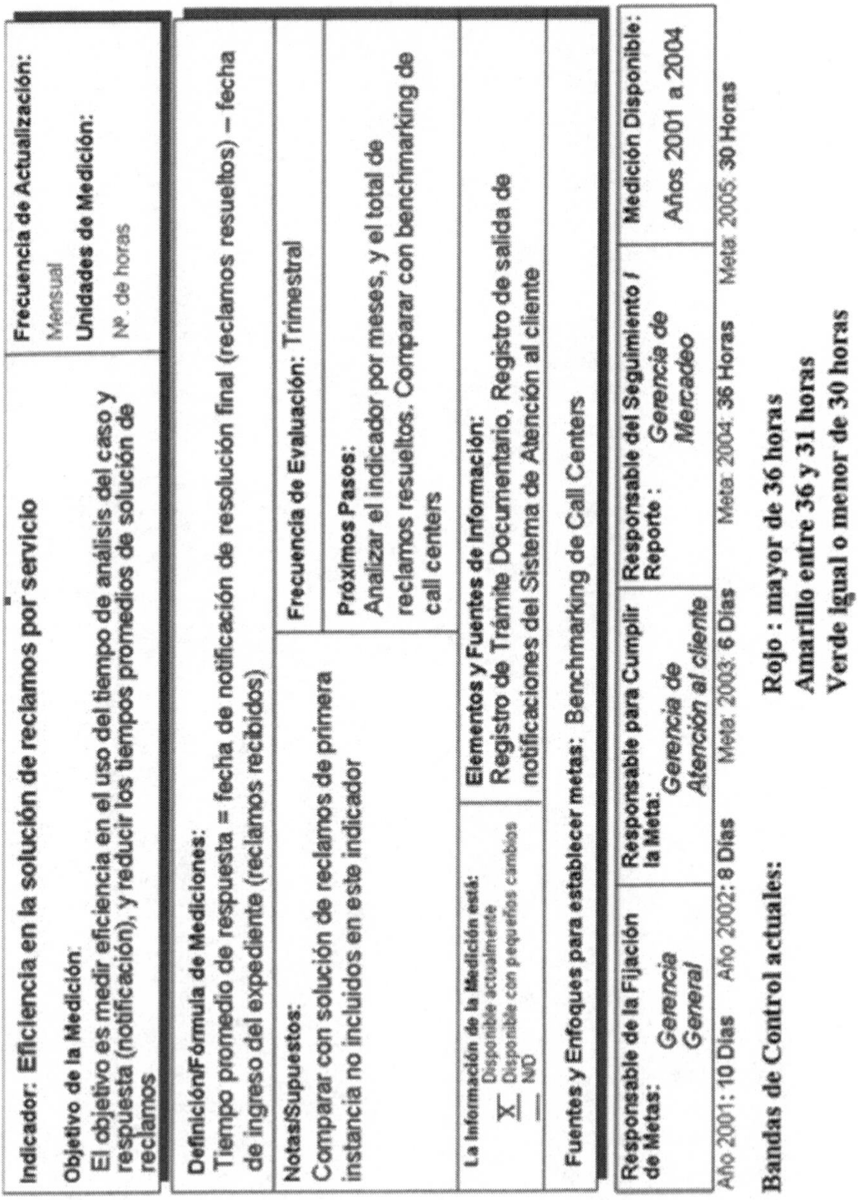

Indicador: Eficiencia en la solución de reclamos por servicio	Frecuencia de Actualización: Mensual
Objetivo de la Medición: El objetivo es medir eficiencia en el uso del tiempo de análisis del caso y respuesta (notificación), y reducir los tiempos promedios de solución de reclamos	Unidades de Medición: N° de horas

Definición/Fórmula de Mediciones:
Tiempo promedio de respuesta = fecha de notificación de resolución final (reclamos resueltos) – fecha de ingreso del expediente (reclamos recibidos)

Frecuencia de Evaluación: Trimestral

Notas/Supuestos:
Comparar con solución de reclamos de primera instancia no incluidos en este indicador

Próximos Pasos:
Analizar el indicador por meses, y el total de reclamos resueltos. Comparar con benchmarking de call centers

La Información de la Medición está:
_ Disponible actualmente
X Disponible con pequeños cambios
_ NO

Elementos y Fuentes de Información:
Registro de Trámite Documentario, Registro de salida de notificaciones del Sistema de Atención al cliente

Fuentes y Enfoques para establecer metas: Benchmarking de Call Centers

Responsable de la Fijación de Metas: Gerencia General	Responsable para Cumplir la Meta: Gerencia de Atención al cliente	Responsable del Seguimiento / Reporte : Gerencia de Mercadeo	Medición Disponible: Años 2001 a 2004

Año 2001: 10 Días   Año 2002: 8 Días   Meta: 2003: 6 Días   Meta: 2004: 36 Horas   Meta: 2005: 30 Horas

Bandas de Control actuales:
Rojo : mayor de 36 horas
Amarillo entre 36 y 31 horas
Verde igual o menor de 30 horas

Figura 3-6: Plantilla de un Indicador, ejemplo de Call Center

3.6 Requisitos de un indicador

El desarrollo de indicadores de gestión debe ser abordado con criterios técnicos y en un ambiente de amplia participación, ya que el proceso mediante el cual se obtengan los indicadores, determinará de manera importante su legitimidad y aplicabilidad. Los indicadores **son un medio y no un fin,** como un medio que guíe y apoye al control, y la finalidad de lograr los objetivos de la organización, trabajados no individualmente, sino en un análisis de conjunto.

En este sentido, los indicadores deben cubrir ciertos requisitos:

- **Pertinencia**: esto es, deben referirse a los procesos y productos de la organización, de modo que reflejen integralmente el grado de cumplimiento de sus objetivos. Su pertinencia se asocia también a su temporalidad o vigencia, según sean de carácter temporal o permanente.
- **Independencia**: deben responder a acciones desarrolladas por la organización. Se debe evitar usar indicadores que puedan estar condicionados en sus resultados por factores externos, tales como, la situación general del país, o la actividad conexa de terceros. En estos casos, solo deben ser usados como referencia de efecto del entorno.
- Los indicadores deben tomar en cuenta las **situaciones extremas,** no para promediarlas y esconder fallas en algunas unidades o entes del negocio, sino por el contrario, para sugerir e incorporar soluciones.
- La información que sirva de base para la elaboración de indicadores de gestión debe ser recolectada a un **costo razonable** y con la garantía de **confiabilidad** necesaria.
- Los indicadores deben ser **públicos**, esto es, conocidos y accesibles a todos los niveles de la institución.
- Respecto al **número y calidad** de los indicadores, en un sistema de medición, hay que tener en cuenta que siempre debe existir un balance entre los requerimientos de **simplicidad y alcance**

3.7 Número y Efectividad de los Indicadores

Es común que en consultorías, cursos, charlas y sesiones de trabajo nos pregunten sobre el número "ideal" de indicadores que debe manejar una organización. Como suele suceder, las respuestas a las situaciones complejas son simples. En nuestro caso, la respuesta es simple: depende de la capacidad de su sistema organizacional para manejarlos y de su cultura de medición. Lo importante es no sobrecargar al sistema.

La figura siguiente refleja nuestra respuesta:

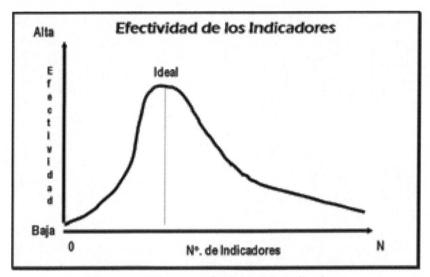

Figura 3-7: Número y Efectividad de Indicadores

En este sentido, nuestra sugerencia es comenzar con unos pocos. Suele suceder que comenzamos a medir todo lo mensurable, sin un enfoque en los factores críticos de éxito que potencian el logro de un objetivo.

Como gerente o responsable de un proceso, proyecto o actividad, suele haber pocos indicadores (uno o dos) que realmente sean necesarios para saber si un objetivo se ha logrado o no. Si se hace un análisis detallado, seguramente habrá un par de indicadores adicionales para medir los factores críticos de éxito que potencian esos resultados. El juego está en, primero, definir un número limitado de objetivos, y luego, un número limitado de indicadores (de resultado y de factores críticos de éxito o impulsores de desempeño).

Para efectos de seguimiento, control y aprendizaje, concéntrese en unos pocos, y luego, si hay uno con desempeño no esperado, haga el "drill down" o análisis de causa raíz, que lo llevará a determinar "aguas abajo" con indicadores de los factores críticos de éxito (proyectos, acciones o funciones), qué los puede estar afectando. Estos indicadores aguas abajo, probablemente serán responsabilidad de otro en la organización, que posiblemente o le reporta a usted o es de un ente de apoyo y servicio.

3.8 La clasificación de indicadores según el Balanced Scorecard o Cuadro de Mando Integral.

Como hemos referido en los capítulos 1 y 2, el Balanced Scorecard hace referencia a dos tipos de indicadores: *de resultado (lag) y guía (lead)*. Veamos sus definiciones y ejemplos.

3.8.1 Indicadores de Resultado:

Para cada Objetivo Estratégico ha de diseñarse uno o dos Indicadores de Resultados. Su finalidad es medir de la manera más directa posible el nivel de logro alcanzado. Por ejemplo, si el objetivo es "Asegurar entregas oportunas a los clientes", el indicador habrá de medir si estamos cumpliendo o no con las exigencias que al respecto hagan esos clientes. En este caso el Indicador de Resultados bien podría ser: porcentaje de entregas a tiempo correspondientes al total de ventas realizadas en un período dado (mes, trimestre o año).

Por otro lado, a la hora de diseñarlos, es importante recordar que los Indicadores inducen comportamientos en la gerencia y personal de la empresa u organización. Esto es debido a que, conscientes de ser evaluados según tales indicadores, las personas tienden a alinear su comportamiento con lo que el indicador mide. Si el Indicador está bien diseñado, inducirá comportamientos alineados con la estrategia, pero también debe quedar claro que un indicador mal diseñado, inducirá comportamientos no deseados, con el consecuente desvió del rumbo de la empresa u organización. Esto es particularmente importante en el caso de los gerentes, visto el impacto que pueden tener sus acciones en dicho rumbo. La traducción de objetivos en Indicadores de Resultados es pues algo de cuidado. Es esencial preguntarse: ¿qué comportamientos estamos impulsando o induciendo en el personal? Si no son los adecuados, si no están alineados con la estrategia, será necesario cambiar de indicador o complementarlo con otro que cierre las vías de escape hacia comportamientos disfuncionales.

3.8.2 Indicadores Inductores de Actuación o Indicadores Guía:

En tanto que los Indicadores de Resultados, como su nombre lo indica, nos informan en cada momento acerca del nivel de logro alcanzado con relación a cada Objetivo, los Indicadores Guía nos permiten estimar – en función de las hipótesis de causalidad implícitas en nuestra Estrategia – si la ejecución de las Iniciativas (Proyectos) y Acciones de nuestro Plan de Acción

Estratégico nos están conduciendo o no hacia el logro del correspondiente Objetivo Estratégico, al ritmo que pautan las Metas. La formulación general de un Indicador Guía, por lo tanto, supone la siguiente lógica: si entre las causas hipotéticas que apalancan el logro de un determinado Objetivo Estratégico – digamos, "Alianzas de negocio exitosas" – hemos incluido un cierto factor – por ejemplo, "capacidad negociadora" – entonces, en este caso, el Indicador Guía será el grado en que tal capacidad esté presente para el momento en que la midamos. En efecto, si hemos supuesto que la "capacidad negociadora" es, entre otras, una posible causa de lograr "Alianzas de negocio exitosas", entonces la "capacidad negociadora" que para un momento determinado hayamos desarrollado (en virtud de alguna Iniciativa que hayamos ejecutado o aun estemos ejecutando), nos permitirá anticipar la posibilidad de alcanzar el Objetivo Estratégico buscado.

Los Indicadores Guía miden si mediante la ejecución de las Iniciativas estamos, sea directamente impulsando el Objetivo Estratégico buscado o cuando menos accionando aquellas "Palancas" que permiten alcanzarlo, al ritmo que las Metas estipulan. El supuesto es que si las Iniciativas y acciones de nuestro Plan de Acción Estratégico no son causa directa del logro de un determinado Objetivo, son cuando menos las que activan las denominadas "palancas", es decir Factores Clave intermedios que si lo causan, al ritmo establecido por las Metas, balanceando eficiencia (especialmente costos) y eficacia. Esto último supone que normalmente hay más de una manera de lograr una Meta, que las alternativas tienen diferentes costos y diferentes probabilidades de logro y que, por lo tanto, se trata de seleccionar las Iniciativas o acciones que presentan un mejor balance costo-eficacia.

Como vemos, la función de los Indicadores Guía es proveer alertas tempranas acerca de si vamos o no en buena dirección; es decir, acerca de si estamos alcanzando las Metas que nos hemos propuesto cumplir a lo largo del recorrido que, en función de nuestras hipótesis estratégicas, hemos supuesto conducente al correspondiente Objetivo del Mapa Estratégico, sea que nuestra actuación directamente impulse este Objetivo o lo haga vía el accionar de las "Palancas" intermedias.

Estos Indicadores son de gran utilidad en el aprendizaje organizacional, particularmente el aprendizaje estratégico. Hay que recordar que explícita o tácitamente, nuestra estrategia supone haber formulado hipótesis de causalidad acerca de cómo alcanzar el éxito. Si este no es alcanzado, puede que nuestras hipótesis hayan sido erróneas. Los Indicadores Guía nos permiten detectar tal situación antes del final del camino, cuando aun pueda dársele remedio y realizar cambios en nuestro Plan de Acción Estratégico.

Para aclarar más aún las diferencias conceptuales entre "resultado" y "guía", veamos un ejemplo que se nos puede presentar a cada uno de nosotros.

Como estrategia personal hacia un objetivo final de "Calidad de Vida", tengo un objetivo intermedio que es "Buena Salud". Voy al médico en mi control semestral y al entrar, el médico toma dos parámetros: tensión (presión) arterial, y una muestra de sangre para un examen de lípidos. Con estos dos indicadores, que son el *resultado* de mi modo de vida un tanto agitado, el médico realiza su diagnóstico: "Tensión alta y lípidos fuera de control". En un análisis de los factores críticos de éxito (FCE) para mantener "bajo control" estos indicadores de resultado de mi modo de vida, el médico plantea actuar sobre tres factores críticos:

- Dieta
- Ejercicio
- Manejo del Stress

Para el primer FCE, la dieta, da las indicaciones del caso. Sugiere que controle con una tabla que me entrega, las calorías y grasas que consumo diariamente. Me indica el máximo de calorías y grasas que debo consumir (establece una meta), y los alimentos que sugiere para mi consumo. De esta manera, con una lista de verificación, podré controlar el **número de calorías** que ingiero y el **número de veces** que actúo "fuera de dieta", poniendo en riesgo mi salud. Ya tengo dos indicadores guía.

Para el segundo FCE, el ejercicio, acordamos una regla sencilla. Cada día debo **caminar** al menos **una hora**, a un ritmo semiacelerado. Solo debo verificar el número de veces que cumplo con este requerimiento. Ya tengo mi tercer indicador guía.

Con respecto al manejo del stress, me entrega un pequeño folleto con indicaciones para manejarlo. Me pide que lleve una tabla con una medición de las veces en que estimo que mi stress se sale de control por cualquier condición de trabajo, de la calle o del hogar. Una simple tabla de verificación que aparece detallada en el folleto. Ya tengo mi cuarto indicador guía (número de situaciones de stress).

Para validar si el plan de acción indicado está haciendo su efecto, el médico cuenta con mi dedicación y disciplina personal. Me establece una cita de control para noventa días a partir de esa fecha, en la cual el hará la verificación de los dos indicadores de resultado: tensión y lípidos.

Este ejemplo puede representarse en el "modelo de causa y efecto", así:

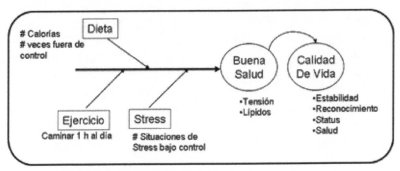

Figura 3-8 Ejemplo de Indicadores Resultado y Guía

3.9 Estableciendo las Metas

Para evaluar la gestión de una organización, es necesario previamente definir su visión y misión (o cualquier otro parámetro que oriente el marco y el destino estratégico), formular los objetivos e indicadores que orientarán a corto plazo, mediano y largo plazo su accionar y establecer las metas asociadas.

La evaluación de la gestión debe constituirse en un proceso permanente, que permita medir el logro de resultados, según parámetros previamente establecidos y acordados por todos sus miembros, para derivar de allí los proyectos, medidas y transformaciones que sean pertinentes.

Una primera condición para hacer dicha medición es que la organización sea capaz de definir los objetivos que orientarán a corto, mediano y largo plazo su accionar, y traducir algunos de estos objetivos en mediciones y metas. Metodologías para estos propósitos son la Planificación Estratégica y la Gestión Integral, que constituyen procesos estructurados y participativos, mediante los cuales una organización apunta a la especificación de su misión, a la expresión de esta misión en objetivos, y al establecimiento de metas concretas de productividad y gestión.

3.9.1 Definición

Las metas son el elemento cuantificador y calificador de los objetivos, asociadas a sus indicadores respectivos. Las metas deben ser claras y realistas; además deben ser coherentes con los objetivos establecidos. Formular una meta es señalar cuándo y cuánto queremos alcanzar.

3.9.2 Metas y Motivación: Metas Desafiantes

Según Anthony [4], Lawler y Rhode [5], la motivación es la función principal de los sistemas de control empresarial. El establecimiento de metas provee un patrón de comparación para identificar problemas. Variaciones negativas (hacia el comportamiento no deseado del indicador), impulsan acciones de mejora y la identificación de la causa raíz de los problemas. El proceso de establecimiento de metas también obligan a los gerentes a revisarlas periódicamente, asegurando que haya una búsqueda permanente de oportunidades, en línea con objetivos estratégicos de mayor alcance. Además, el proceso asegura la alineación a diferentes niveles organizacionales, pues obliga a los participantes a determinar los recursos requeridos para lograr las metas.

Una de las situaciones de riesgo del proceso es el de establecer metas "abiertas". Las metas deben ser específicas, con sus umbrales de control, pero específicas. Hay extensas investigaciones que establecen que el comportamiento de los individuos en una organización cambia dependiendo del nivel de exigencia de la meta [6]. Si las metas son demasiado fáciles, la gente no se entrega a su debido potencial. Si las metas son demasiado altas, la gente se frustra y se rinde. La siguiente figura refleja este comportamiento:

Figura 3-9 Metas: Dificultad y Motivación [7]

Los deportistas llaman "la zona" a ese espacio donde se "enciende" la motivación por el alto desempeño, sin generar frustración. En una empresa que quiere impulsar ese tipo de comportamientos, las metas desafiantes definen el nivel de desempeño que la organización requiere alcanzar para cada objetivo, con el fin de lograr los objetivos estratégicos en el camino para alcanzar su visión.

Una **meta desafiante** debe:

- Indicar mejoras significativas sobre el desempeño actual.
- Poner a prueba la "Capacidad de mejora de la organización"
- Ser un ideal, pero potencialmente alcanzable.

3.9.3 Métodos más usados para asignar metas

Expectativas de la gerencia:
Deben expresar la situación deseada, por ejemplo, los planes de una División para duplicar su producción, obligan a la misma a aportar una parte importante de ese crecimiento.

Bases históricas de datos:
La data estadística de los indicadores puede rastrearse en las bases de datos existentes. Puede definirse una meta desafiante como una mejora de las tendencias que refleja el indicador.

Plan de negocios-Plan de producción:
Gran parte del esfuerzo de establecer metas ya está realizado en los planes. Si se confirma que los mismos son desafiantes, se aplicarán.

Experiencia:
Se usa un experto nominado para definir metas porque conoce a profundidad su área: por ende debe usar los criterios definidos para metas desafiantes y su experiencia en apoyo al equipo.

Benchmarking:
Un estudio comparativo puede ser de gran ayuda para establecer patrones de comparación y desafíos.

Estándares de ingeniería:
Cuando la naturaleza del indicador así lo permita, esta puede ser la guía para la meta.

Pasos para establecer metas

1. Establecer el objetivo
No basta con establecer que se van a generar utilidades con este o aquel desarrollo, hay que determinar el monto específico de ganancias que se generarán. No resulta suficiente decir que se aumentará la participación en el mercado, hay que establecer en que proporción aumentará y cuáles serán los segmentos afectados

2. Definir beneficios y beneficiarios
Sea cual fuere el ámbito en el que se establezcan las metas siempre habrán beneficios y siempre habrá alguien que obtenga estos beneficios

3. Fijar límites y umbrales
Límites de tiempo: Se recomienda dividir el logro de objetivos en lapsos: (mes, trimestre, año). Cuando se establece un determinado lapso de tiempo se está creando sentido de urgencia para realizar las acciones necesarias

Límites de proceso: indica los niveles o alertas que debe tener la meta

4. Identificar habilidades y conocimientos requeridos
Deben identificarse los conocimientos y habilidades que deben reforzarse en la organización, a través de planes de formación y capacitación, para poder alcanzar la meta

5. Identificar responsables por cumplir, asignar y hacer seguimiento de la meta
Como vimos en el cuadro de definición de un indicador, este es un requisito necesario

6. Desarrollar el plan de acción
Deben definirse las acciones, proyectos e iniciativas que impulsarán el logro de la meta.

4

LOS INDICADORES EN PROCESOS Y FUNCIONES

4.1 El Proceso de Despliegue en Cascada

En el modelo ideal, el diseño de un modelo de gestión debe iniciarse por la definición de los indicadores a nivel de empresa, para lo correspondiente a la Gestión Estratégica, y luego desplegarlos en cascada en el nivel de Gestión Táctica y posteriormente a la Gestión Operativa como vimos en la Figura 2-2 y en la figura 1-10.

A lo largo de la evolución de los sistemas de gestión, y particularmente en los años recientes, se han creado varias "escuelas" de pensamiento sobre la gestión del desempeño empresarial. Una escuela de pensamiento sostiene que en cuadro de mando o cuadro de mando integral, el que se use, es una herramienta de gerencia solamente, que requiere ser utilizada por los dos o tres primeros niveles organizacionales ligados a la toma de decisiones del negocio, en una organización típica de 5 a 7 niveles. Los empleados y supervisores pueden ver el desempeño del "scorecard" de su gerencia, y no requieren tener los suyos. Se supone que el desempeño individual está cubierto por otros sistemas, como la "evaluación de desempeño individual", de uso común en muchas empresas hoy en día.

Otra escuela de pensamiento, argumenta que *cada empleado requiere tener su propio "scorecard".* Tomando como base el cuadro de mando de su supervisor inmediato, el empleado identifica sus objetivos de impacto, luego "define y negocia" la cascada de indicadores y sus metas particulares para cada uno de ellos. En su propia esfera de influencia sobre procesos, acciones o proyectos, cada persona mantiene y ejerce su control, hace su propio seguimiento, y reporta los resultados. Lo importante es la consistencia de la cascada de indicadores en el proceso de negociación.

Como podrá haber interpretado a los largo de este libro, mi esquema de pensamiento está alineado con esta segunda escuela. Bien sea que se use el cuadro de mando, el cuadro de mando integral o cualquier otro esquema de gerencia del desempeño organizacional (performance management), el conjunto de indicadores medibles asociados a los planes estratégicos, tácticos y operativos, permite lograr la alineación entre estrategia, objetivos, indicadores, metas, proyectos y acciones de los diferentes niveles de la organización. Esto nos lleva a establecer un "sistema de gestión integral" o "sistema balanceado de indicadores" que recorre los diferentes niveles organizacionales, hasta las personas, para determinar los niveles de desempeño alineados con la dirección estratégica de la empresa. Se desarrolla en esta cascada, no solo una alineación entre objetivos, métricas, metas y proyectos o iniciativas, sino un sistema integral de gestión estratégica, táctica y operativa como vimos en la figura 2-2. La siguiente figura ilustra el modelo de este despliegue:

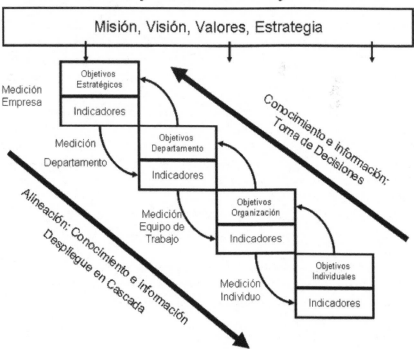

Figura 4-1 Modelo de Despliegue en Cascada

El equivalente a este modelo para efectos del Balanced Scorecard (BSC) o Cuadro de Mando Integral (CMI), se representa en la Figura 1-10.

En el vemos que también es posible realizar el despliegue de "mapas estratégicos" además de los indicadores, estableciendo objetivos de impacto vinculantes con el nivel superior, desarrollando los objetivos específicos y luego mostrando los mismos en el Mapa Estratégico de cada nivel. Cada mapa estratégico va acompañado de su respectivo cuadro de mando con objetivos, indicadores, metas e iniciativas.

Otro punto a considerar es que el "cuadro de mando" debe constituirse con un juego de indicadores estratégicos (aquellos alineados con la visión y los valores) y un juego de indicadores operacionales (aquellos alineados con la misión), según vimos en el capítulo 2. Unos de estos indicadores serán clasificados como "de resultados" (lag indicators), y otros como "guía o inductores de actuación" (lead indicators) en la metodología del CMI. No hay reglas definitivas para esta clasificación, y dependerá de cada empresa en particular y de la madurez de su cultura de medición. Por otra parte, el proceso de despliegue del CMI debe ser adaptado a cada organización. En algunos casos, todas las unidades responden a un mismo "mapa estratégico", identificando los objetivos que impacta y luego asignando sus respectivos cuadros de mando que responden a esos objetivos. En otros casos, se requiere elaborar mapas estratégicos para cada unidad o negocio, partiendo del modelo corporativo, y luego se definen cuadros de mando para negocios, departamentos, direcciones, equipos de trabajo y personas.

En este capítulo ejercitaremos la aplicación práctica de los conceptos definidos en los capítulos anteriores. Para ello, nos basaremos en un modelo genérico de procesos, que se indica en la figura 4-2. No detallaremos cada uno de las áreas de procesos, sino que seleccionaremos algunas de ellas para efectos de aplicar los conceptos y prácticas.

Del modelo de procesos, detallaremos el área de Capital Humano correspondiente al proceso: **7. – Capital Humano**

Además de los desarrollos por procesos, haremos también el ejemplo de un modelo corporativo (modelo de empresa). Comencemos con el detalle de cada uno de ellos, a partir de un modelo de empresa:

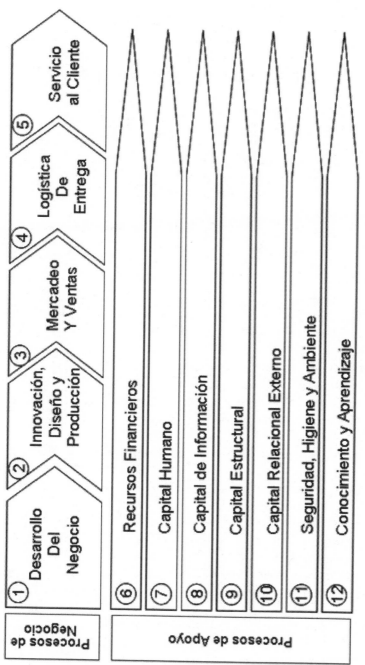

Figura 4 – 2 Modelo Genérico de Procesos

4.2 Modelo de empresa

Partiremos de un modelo de empresa, bajo el esquema de un cuadro de mando basado en perspectivas, para usar todos los componentes de un modelo integral: perspectivas, mapa estratégico y cuadro de mando.

4.2.1 Estrategia del Banco Uno:

En el *Banco Uno* [1] tenemos como misión "contribuir activamente, como institución financiera, al desarrollo económico del país y de la sociedad, atendiendo de forma equilibrada las expectativas, las necesidades y los intereses de los clientes, trabajadores y accionistas"

Nuestro propósito es fortalecer una posición como institución financiera que ofrece una gama completa de productos y servicios en todos los segmentos de negocio.

Para apalancar ese propósito y misión, se han establecido un conjunto de estrategias, usando la metodología del Balanced Scorecard (conocido en el Banco Uno como Panel de Gestión Estratégico – PAGE)

Esta metodología procura traducir las estrategias en términos operacionales, para a su vez comunicarlas, implementarlas y gerenciarlas con el aporte de todos los colaboradores y relacionados con la institución.

Nuestra estrategia de negocios consiste en *agregar valor económico y valor social* por medio de la búsqueda constante del *crecimiento sustentable, la maximización de la eficiencia y la rentabilidad*. Procuramos *expandir nuestra base de clientes*, inclusive por medio de *ventas cruzadas* entre nuestros diferentes ramos de negocios, y lograr un alto grado de *satisfacción en nuestros productos y servicios*, por medio de la *excelencia de procesos internos*, la *calidad de la relación con el cliente*, la *red de servicios optimizada, calidad de oferta y de cartera* y de la *sinergia* de nuestros procesos de negocio.

Para alcanzar estos objetivos, procuramos *destacarnos en la gestión de nuestro Capital Humano, promoviendo una cultura de cooperación,* basada en *resultados de alto desempeño, con una ambiente agradable, desafiante y estimulante.*

La estrategia global tiene **seis directrices** fundamentales:

- *Búsqueda agresiva de crecimiento en escala e internacionalización;*
- *Dominio efectivo del ciclo de crédito y cobranza;*
- *Desarrollo Acelerado de Talentos;*
- *Maximización continua de la eficiencia*
- *Desarrollo de conexión efectiva con el cliente*
- *Conexión con la sociedad*

Presencia Internacional

Los objetivos específicos del Banco Uno en el mercado internacional son:

- Atender a clientes extranjeros con intereses en el país
- Ofrecer a los clientes en el país acceso eficaz y permanente a recursos y servicios disponibles a nivel internacional

Para ello, se ha configurado una red externa de alianzas y sedes propias en estados unidos (Nueva York, San Francisco y Miami), que sirven de plataforma de internacionalización para negocios y vehículos bancarios

Nuestra Gente

Banco Uno valora el capital humano y su talento, su mejor y más importante activo intangible. Sus colaboradores han contribuido activamente para que el banco conquiste la posición destacada que ocupa en el mercado financiero, y garantizan la excelencia de todas las actividades del grupo.

El área de Capital Humano, crea y gerencia las estrategias, políticas y procesos de gestión de capital humano capaces de sustentar los resultados del negocio, agregando valor a los procesos de decisión.

Los objetivos estratégicos en cuanto al Capital Humano incluyen:

- Disponer del personal adecuado, en competencias y talentos, en el lugar adecuado, de forma de atraer los mejores profesionales y optimizar el aprovechamiento de oportunidades internas
- Proveer los medios, sistemas y herramientas de capacitación, formación y desarrollo que permitan alcanzar el desempeño y el potencial, individual y del equipo

- Asegurar la existencia de políticas y sistemas de remuneración competitivos que estimulen el equilibrio entre el mejor desempeño individual y de equipo
- Promover una cultura de alto desempeño que estimule la innovación en un clima organizacional motivador y desafiante

4.2.2 Arquitectura de Perspectivas

Por la descripción de la estrategia del Banco Uno, podemos identificar los grupos de interés prioritario incluidos en esa estrategia:

Grupos de Interés – Expectativa:

- Accionistas – Valor Económico, eficiencia, rentabilidad
- Comunidad, entorno, país – Valor Social e Impacto Económico, crecimiento sustentable
- Empleados, capital Humano – Capacidades, actitudes
- Procesos de Negocio – Excelencia, Relación con Clientes, Calidad de Oferta, Calidad de Cartera, expandir base de clientes, ventas cruzadas, sinergia de procesos de negocio
- Clientes – Alto grado de satisfacción en productos y servicios, calidad de oferta, red de servicios

El Banco Uno, selecciona como metodología el Balanced Scorecard. Una empresa típica usaría el modelo de cuatro perspectivas: Perspectiva Financiera, Perspectiva de Clientes y Entorno, Perspectiva de Procesos de Negocio y Perspectiva de Aprendizaje y Crecimiento.

Atendiendo a la expresión de su estrategia y al esquema de relaciones con sus grupos de interés, se determina que la arquitectura del Balanced Scorecard incluirá las siguientes perspectivas:

Tabla 4-1 Grupos de Interés y Perspectivas

Perspectivas	Grupo de Interés cubiertos
Perspectiva de Valor	Accionistas, Sociedad
Perspectiva Clientes y Entorno	Clientes, Sociedad (comunidad) y Ambiente
Perspectiva de Procesos de Negocio	Procesos
Perspectiva de Creación de Futuro	Capital Humano y Organizacional

Los **temas estratégicos** corresponderán a las siguientes estrategias:

- *Búsqueda agresiva de crecimiento en escala e internacionalización;*
- *Dominio efectivo del ciclo de crédito y cobranza;*
- *Maximización continua de la eficiencia*
- *Desarrollo de conexión efectiva con el cliente*
- *Conexión con la sociedad*

La estrategia de **Desarrollo Acelerado de Talentos**, se asociará a la perspectiva de Creación de Futuro (Capital Humano y Capital Organizacional)

4.2.3 Diseño del Mapa Estratégico:

La figura 4-2 muestra el Mapa Estratégico que resume la estrategia del Banco Uno. Vemos que están, sobre la base de los cinco temas estratégicos definidos, las relaciones de causalidad entre objetivos de cada tema y entre las perspectivas definidas.

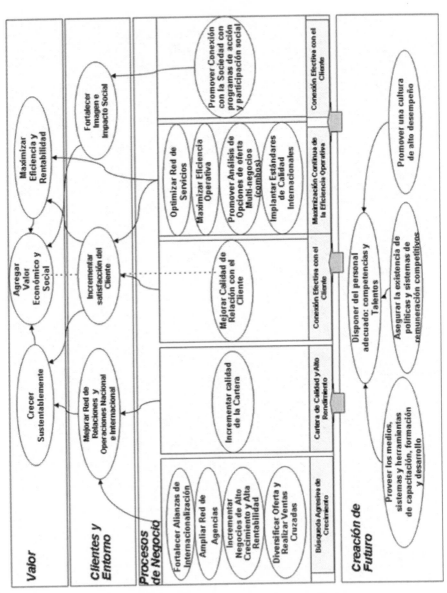

Figura 4-3 Mapa Estratégico del Banco Uno

4.2.4 El Cuadro de Mando de Banco Uno

A efectos de ejemplo, presentaremos solo algunos de los indicadores asociados al Cuadro de Mando Integral de Banco Uno. La figura 4-4 refleja la selección de indicadores que se ha efectuado.

Para este cuadro de mando, se han omitido las columnas correspondientes a metas e iniciativas, las cuales deben ser definidas para cada indicador, como se ha descrito con anterioridad.

En la clasificación de indicadores se muestran los indicadores de resultado y los indicadores guía (inductores de actuación). Por ejemplo, en el objetivo de "Incrementar la satisfacción del Cliente", el fin último es el de retener a los clientes mas rentables, manteniendo un alto desempeño en cuanto a su satisfacción. De allí que el indicador de resultado sea "Retención de Clientes" y el indicador guía sea "Satisfacción". Para algunos objetivos, solo se requiere definir indicadores de resultado. Cuando exista una brecha importante entre el resultado actual y la meta, conviene llevar adelante el desarrollo de indicadores guía a través del análisis de factores críticos de éxito que explicamos en el capítulo anterior.

Pasaremos ahora a analizar el despliegue en cascada a partir de este ejemplo del Cuadro de Mando Integral "Corporativo" del Banco Uno. Para ello usaremos algunos de los subprocesos mostrados en la figura 4-2, y los objetivos de impacto de la figura 4-3.

Indicadores Estratégicos

Objetivos Estratégicos	(Indicadores de Resultados)	(Indicadores Guía de Proceso)
Valor F1 - Agregar Valor Económico y Social F2 – Crecer Sustentablemente F3- Maximizar Eficiencia y Rentabilidad	• EVA y Retorno sobre la Inversión • Impacto Social • Crecimiento del Ingreso • Margen de Operación	• Mezcla de Ingresos • Generación de Empleo
Cliente C1 – Mejorar Red de Relaciones y Operaciones Nacional e Internacional C2 – Incrementar Satisfacción del Cliente C3 – Fortalecer Imagen e Impacto Social	• Participación en Segmento Premium • Retención del Cliente • Imagen	• Alianzas • Encuesta de Satisfacción • Inversión Social
Procesos P1 – Ampliar Red de Agencias P2 – Maximizar Eficiencia Operativa P3 - Diversificar Oferta y Realizar Ventas Cruzadas P4 Mejorar Calidad de Relación con el Cliente	• Volumen de Ventas Nuevas Agencias • Costo por Cliente • Proporción de Ventas Cruzadas • Operaciones On Line	• Ciclo de Desarrollo de Productos • Reclamos por servicio on line
Futuro L1 – Proveer Medios y Sistemas de CF L2 – Asegurar Políticas de Compensación L3 – Prom. Cultura de Alto Desempeño	• Satisfacción del Empleado • Equipos Interfuncionales	• Cobertura de competencias críticas • Alineación de Metas Personales (%)

Figura 4-4 Cuadro de Mando del Banco Uno
Panel de gestión Estratégica – PAGE

4.2.5 Consistencia del despliegue

En este punto, cabe hacer algunas consideraciones sobre el despliegue. Su empresa ha decidido usar el modelo del CMI, es importante que las categorías o "perspectivas" del CMI se mantengan a lo largo de toda la organización, en los diferentes niveles organizacionales. En la medida que se acerque a "los empleados de base", ya no será necesario usar el esquema de perspectivas, pero al hablar de "organizaciones, unidades de negocio o funciones", el esquema de perspectivas debe ser único.

Por otra parte, para mantener la consistencia de la cascada de medición (indicadores y metas), se suelen seguir dos esquemas "aguas abajo" y "aguas arriba". Por lo general, esto decide donde se inicia el CMI o cuadro de mando.

El esquema "aguas abajo" es útil cuando el "centro corporativo" ejerce un alto grado de control e influencia sobre las unidades de negocio y funciones. Los ejecutivos de alto nivel definen un CMI Corporativo y hacen seguimiento al desarrollo de la cascada a los diferentes niveles. El siguiente nivel se inicia solo al tener el "scorecard" y el "mapa" del nivel anterior. El proceso de seguimiento y validación asegura la alineación.

El esquema "aguas arriba" es útil cuando las unidades de negocio y funciones tienen un alto grado de independencia. El nivel corporativo establece unos lineamientos generales, un conjunto de métricas base, por lo general financieras y de volúmenes, y una estructura básica del esquema de perspectivas. Luego cada unidad o función, desarrolla con un alto grado de autonomía sus CMI. Finalmente, el grupo corporativo complementa y completa su CMI sobre la base de los desarrollos de cada unidad o función, con un grupo selecto de objetivos, indicadores, metas y proyectos. En estos casos se sugiere un grupo corporativo que asegure la consistencia del modelo.

4.3 El Balanced Scorecard de Capital Humano en Banco Uno

Recordemos lo que dice la estrategia publicada de Banco Uno con respecto al Capital Humano:

El área de Capital Humano, crea y gerencia las estrategias, políticas y procesos de gestión de capital humano capaces de sustentar los resultados del negocio, agregando valor a los procesos de decisión.

Los objetivos estratégicos en cuanto al Capital Humano incluyen:

- Disponer del personal adecuado, en competencias y talentos, en el lugar adecuado, de forma de atraer los mejores profesionales y optimizar el aprovechamiento de oportunidades internas
- Proveer los medios, sistemas y herramientas de capacitación, formación y desarrollo que permitan alcanzar el desempeño y el potencial, individual y del equipo
- Asegurar la existencia de políticas y sistemas de remuneración competitivos que estimulen el equilibrio entre el mejor desempeño individual y de equipo
- Promover una cultura de alto desempeño que estimule la innovación en un clima organizacional motivador y desafiante

De ahí vemos que la gestión del **Capital Humano** esencialmente impacta a los objetivos de la **Perspectiva de Creación de Futuro** del banco. Estos objetivos corporativos se convierten en las bases para definir la "perspectiva de procesos y los Temas Estratégicos" de Capital Humano.

Cuatro Temas en Capital Humano

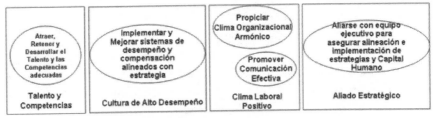

Figura 4-5 Temas Estratégicos de Capital Humano

De los temas previstos en la estrategia corporativa, la dirección de Capital Humano ha decidido incorporar dos temas adicionales: Clima Laboral Positivo y Aliado Estratégico. Este último involucra las acciones para llevar a Capital Humano a la "mesa de decisiones estratégicas", a crear un ambiente de comunicación y vinculación entre las acciones del día a día del personal con los requerimientos de la estrategia, la excelencia de los procesos operativos de capital humano, además de mejorar las comunicaciones sobre el impacto en los resultados de las otras unidades funcionales y operativas del Banco.

Para la perspectiva de clientes y entorno, se determinan objetivos que, desde capital humano, sean impactados a nivel del Banco, como por ejemplo la efectividad y la eficiencia de la gestión percibida por los clientes (personal en general y gerentes).

Para la perspectiva de creación de futuro, se decide colocar cuatro objetivos: Fortalecer Talento para Desarrollo de Capital Humano, Optimizar Procesos y Actividades de CH, Asegurar la Disponibilidad y Uso de la Información de CH, Impulsar y Mantener Cultura De Servicio en CH.

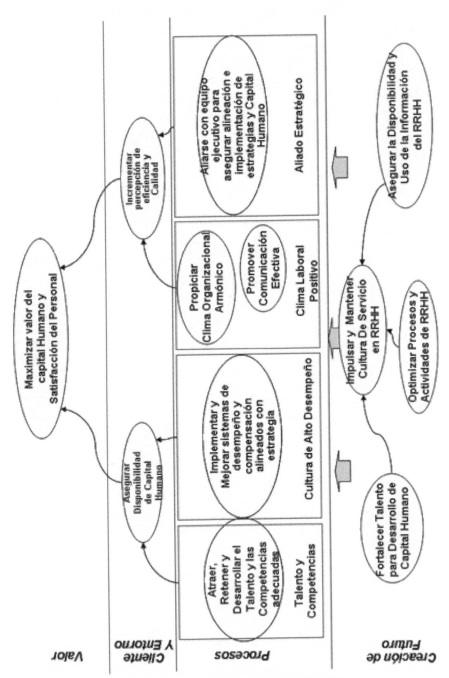

Figura 4-6 Mapa Estratégico de Capital Humano en
Banco Uno

4.3.1 Actividades del Proceso de Capital Humano

Partiendo del proceso genérico definido en la figura 4-2, el Banco Uno ha determinado el conjunto de actividades que componen su proceso de Capital humano según lo siguiente:

Proceso 7.0 Capital Humano

7.1 Crear y Generar la planificación, políticas y estrategias de Capital Humano

    7.1.1 Gerenciar y generar la estrategia de CH

    7.1.2 Desarrollar e implementar los planes de CH

    7.1.3 Monitorear y actualizar los planes

7.2 Reclutar y seleccionar al personal

    7.2.1 Crear y desarrollar solicitudes de empleados

    7.2.2 Reclutar los candidatos

    7.2.3 Evaluar y seleccionar a los candidatos

    7.2.4 Gerenciar el pre-empleo

    7.2.5 Gerenciar la contratación de personal

    7.2.6 Hacer seguimiento a candidatos

7.3 Desarrollar y guiar a los empleados

    7.3.1 Gerenciar la orientación y ubicación

    7.3.2 Gerencias programas de desempeño de empleados

    7.3.3 Gerenciar las relaciones con empleados

    7.3.4 Gerenciar el desarrollo de empleado

    7.3.5 Desarrollar y Capacitar a empleados

    7.3.6 Gerenciar el talento del empleado

7.4 Recompensar y Retener a los empleados

    7.4.1 Desarrollar y Gerenciar recompensa, reconocimiento, y programas de motivación

    7.4.2 Gerenciar y administrar beneficios

    7.4.3 Gerenciar asistencia y retención de empleados

    7.4.4 Administración de nómina

7.5 Reasignar y retirar a empleados

    7.5.1 Gerenciar el proceso de promoción

    7.5.2 Gerenciar la separación

    7.5.3 Gerenciar el retiro

    7.5.4 Gerenciar el permiso para estar ausente

    7.5.5 Desarrollar y poner en práctica la colocación en otras empresas

7.5.6 Gerenciar el despliegue del personal
7.5.7 Trasladar a empleados y Gerenciar asignaciones
7.5.8 Gerenciar la reducción de empleo y el retiro
7.5.9 Gerenciar a expatriados
7.5.10 Gerenciar el proceso de traslado de empleado

7.6 Gerenciar la información de empleados
7.6.1 Gerenciar procesos de reporte
7.6.2 Gerenciar el proceso cuestionarios a empleados
7.6.3 Gerenciar y mantener datos de empleados
7.6.4 Gerenciar sistemas de información de recurso humanos
7.6.5 Desarrollar y Gerenciar la métrica de empleados
7.6.6 Desarrollar y Gerenciar el tiempo y la asistencia
7.6.7 Gerenciar la comunicación con empleados

La métrica definida para estos procesos, que servirá de base para la selección de los indicadores de cuadro de mando, se ha tomado de los indicadores por proceso, resultantes de un estudio de benchmarking sobre medidas de los procesos de CH, según se indica en la siguiente tabla:

Tabla 4-2 Indicadores de Capital Humano

Indicadores por subproceso de Capital Humano	
7.1 Crear y Generar la planificación, políticas y estrategias de Capital Humano	
Gastos totales del proceso en relación a los ingresos	Gastos totales del proceso en relación a los empleados de la empresa (headcount)
Gastos totales en personal del proceso en relación a los ingresos	Gastos internos totales de gerencia del CH en relación a los ingresos
Número de empleados del proceso en relación al total de empleados de la empresa	Número de empleados de gerencia del CH en relación al total de empleados de la empresa
Presupuesto total para la función de CH en relación a los ingresos	Presupuesto total para CH por empleado
Gastos totales de la función de CH en relación a ingresos	Gastos totales de la función de CH por empleado

Gastos totales de sistemas de la función de CH en relación a ingresos	Número de empleados de la empresa atendidos por cada empleado de la función de CH Número de empleados ejecutivos de la empresa atendidos por cada empleado de la función de CH

7.2 Reclutar y seleccionar al personal	
Gastos totales del proceso en relación a los ingresos	Gastos totales del proceso en relación a los empleados de la empresa (headcount)
Gastos totales en personal del proceso en relación a los ingresos	Número de empleados del proceso en relación al total de empleados de la empresa
Número de nuevos empleados anuales como porcentaje de número total de empleados promedio	Número de ofertas de trabajo aceptadas para posiciones de dirección/ejecutivos como porcentaje de ofertas de trabajo hechas para esas posiciones
Número de ofertas de trabajo aceptadas para posiciones de gerencia media / especialistas como porcentaje de ofertas de trabajo hechas para esas posiciones	Número de ofertas de trabajo aceptadas para el personal de trabajadores/oficina y operaciones como a porcentaje de ofertas de trabajo hechas para esas posiciones
Número de puestos vacantes cubiertas con candidatos internos durante el último período para posiciones de dirección/ejecutivos	Número de puestos vacantes cubiertas con candidatos internos durante el último período para gerencia media / especialistas
Número de puestos vacantes cubiertas con candidatos internos durante el último período para personal de trabajadores/oficina y operaciones	Tiempo de ciclo en días de identificación de necesidad de contratación hasta la aprobación de requisición de trabajo
Tiempo de ciclo en días desde la aceptación de trabajo hasta inicio de labores en posiciones acordadas	Tiempo de ciclo en días para Transferencias desde la solicitud hasta el inicio de labores en la posición acordada
Proporción de aceptaciones de contratación	Proporción de aceptaciones de ofertas
Proporción de candidatos calificados a candidatos totales	Requisiciones por reclutador
Número de días para responder a candidato	

7.3 Desarrollar y guiar a los empleados	
Cumplimiento del Plan de Capacitación y Formación	Porcentaje Cobertura (Cierre de Brechas) en Competencias Críticas del negocio
Gastos totales del proceso en relación a los ingresos	Gastos totales del proceso en relación a los empleados de la empresa (headcount)
Gastos totales en personal del proceso en relación a los ingresos	Número de empleados del proceso en relación al total de empleados de la empresa
Porcentaje de directivos/ejecutivos que completó a tiempo evaluaciones del personal	Porcentaje de la gerencia media / especialistas que completaron a tiempo evaluaciones del personal
El porcentaje del personal de trabajadores/oficina operacional que completó a tiempo su ciclo de evaluación	Número promedio de días de capacitación para directores/ ejecutivos
Número promedio de días de capacitación para gerencia media / empleados especialistas	Número promedio de días de capacitación para trabajadores/oficina y operaciones
Número promedio de días de capacitación por empleado (totales)	Distribución de posiciones con responsabilidad de evaluación de personal
Distribución de incrementos salariales pro mérito y promoción	Proporción de promociones sobre el total de empleados
Relación de posiciones cubiertas interna y externamente	Tiempo promedio entre promociones
Costos totales de orientación de nuevos empleados sobre el total de nuevos empleados del periodo	Costo total de capacitación por empleado sujeto capacitación
Número de días para desarrollar nuevas acciones de capacitación y formación	Porcentaje de empleados que participan en acciones de capacitación y formación
Porcentaje de empleados con planes de desarrollo	Porcentaje de acciones de formación y capacitación evaluadas "Sobresaliente" o "Excelente"
Inversión total de acciones de capacitación	Inversión total de acciones de capacitación con proveedores internos
Inversión total de acciones de capacitación con proveedores externos	Inversión total de formación y capacitación como porcentaje de la nómina

7.4 Recompensar y Retener a los empleados	
Gastos totales del proceso en relación a los ingresos	Gastos totales en personal del proceso en relación a los ingresos
Gastos totales del proceso en relación a los empleados de la empresa (headcount)	Costo Total de administración de nómina en relación a los ingresos
Número de empleados del proceso en relación al total de empleados de la empresa	Costo total de beneficios en relación a los ingresos
Costo total de nómina en relación a los ingresos	Número de salidas o retiros de empleados voluntarias anualmente como un porcentaje del total de empleados (% de retención voluntarios)
Número de salidas o retiros de empleados involuntarias anualmente como un porcentaje del total de empleados (% de Retención involuntarios)	Número de salidas o retiros de empleados totales anualmente en áreas de competencia críticas como un porcentaje del total de empleados (% de retención áreas críticas)
Número de ausencia de días por empleado incluyendo maternidad y permiso de paternidad	Número de salidas o retiros de empleados totales anualmente como un porcentaje del total de empleados (% de retención)
Índices de errores en procesamiento de reclamaciones de beneficios	Número de ausencia de días por empleado excluyendo maternidad y permiso de paternidad
Costo de dinero de horas extras como un porcentaje de costo total	Costo de beneficios a jubilados como un porcentaje del costo total de beneficios
Compensación de supervisores y gerentes como un porcentaje de gastos de compensación totales de empresa	Precio de excepciones de variedad de sueldo
7.5 Reasignar y retirar a empleados	
Gastos totales del proceso en relación a los ingresos	Gastos totales del proceso en relación a los empleados de la empresa (headcount)
Gastos totales en personal del proceso en relación a los ingresos	Número de empleados del proceso en relación al total de empleados de la empresa
Gastos totales de administración de CH por empleado	Gastos totales de administración de CH por ingresos

Gastos de personal totales de administración de CH por ingresos	Gastos de personal totales de administración de CH por empleado
Gastos de sistemas totales de administración de CH por ingresos	Gastos de sistemas totales de administración de CH por empleado
Gastos totales de administración de nómina por ingresos	Gastos totales de administración de nómina por empleado
Porcentaje de ausentismo de empleados	Porcentaje de Rotación de Empleados
Gastos de traslado por empleado trasladado	
7.6 Gerenciar la información de empleados	
Gastos totales del proceso en relación a los ingresos	Gastos totales en personal del proceso en relación a los ingresos
Gastos totales del proceso en relación a los empleados de la empresa (headcount)	Porcentaje de empleados con acceso a sistemas de "autoservicio" en línea
Número de empleados del proceso en relación al total de empleados de la empresa	Número medio de días de vacaciones por año por empleado
Porcentaje de gerentes con acceso a sistemas de "autoservicio" en línea	Gastos totales por empleado de medios de comunicación e información con empleados
Gastos totales de medios de comunicación e información con empleados	Tiempo de respuesta de especialistas de CH en preguntas de medios de contacto del empleado
Tiempo de ciclo de revisión/reacción de empleado a plan de acción de comunicaciones	Porcentaje de empleados que utilizan los medios de servicio en línea
Tasa de disponibilidad de sistemas de información de CH en línea	Número de días para contestar sugerencias
Porcentaje de empleados que utilizan los medios de comunicación en línea	Número de sugerencias por equipo
Número de sugerencias por empleado	Porcentaje de sugerencias aceptadas
Porcentaje de empleados que participan en actividades patrocinadas por compañía	Porcentaje de personal total que participa en equipos de trabajo autodirigidos
Índice de Satisfacción de los Empleados	Índice de alineación de empleados con estrategia
Índice de Clima Organizacional	Índice de Desempeño de Liderazgo

7.7 Gerenciar la Higiene, Seguridad y Ambiente (compartidos con proceso 11)	
Tiempo perdido para lesiones por horas totales trabajadas (por cada 10000 ó 100000 horas)	Accidentes por mes
Porcentaje de departamentos con proyectos de contingencia y seguridad	Número de lesiones por mes
Días sin incidentes	Violaciones de seguridad por empleado
Precios de severidad de tiempo perdidos	Proporciones de pérdida de por seguros
Reuniones de seguridad sostenidas por mes	Costo Total de Incidentes

A partir de esta lista de indicadores, se ha hecho una selección de los que corresponderán al Cuadro de Mando de la Gerencia del capital Humano, atendiendo a lo representado en la Figura 4-6. Los indicadores restantes, serán incorporados en los "scorecards", cuadros de mando y contratos de desempeño de los responsables de los subprocesos de Capital Humano.

Balanced Scorecard de CH Banco Uno

	Objetivos Estratégicos	Indicadores Estratégicos	
		(Indicadores de Resultados)	(Indicadores Guía de Proceso)
Valor	F1 – Maximizar valor del capital Humano y Satisfacción del Personal	• Ingresos por Empleados • Gastos Totales CH/Ingresos Totales de Empresa	• Costos por subproceso
Cliente	C1 – Asegurar Disponibilidad de Capital Humano C2 – Incrementar percepción de eficiencia y Calidad	• Cobertura de Posiciones Clave • Satisfacción de Gerentes • Satisfacción de Empleados	• Reclamos de Empleados • Tiempo de Ciclo de Solicitudes de Empleados • % Solicitudes en línea
Procesos	P1 – Atraer, Retener y Desarrollar el Talento y las Competencias adecuadas P2 – Implementar y Mejorar sistemas de desempeño y compensación alineados con estrategia P3 – Propiciar Clima Organizacional Armónico	• % Empleados con Plan De Desarrollo PID • Cumplimiento de PID Personal Clave • % Cobertura Competencia Críticas • Proporción de Ventas Cruzadas • Acciones de Comunicación con Presidencia	Días de Capacitación Por Empleado Promociones por empleado Total de Bonificaciones y Beneficios en relación a ingresos •Cumplimiento de Plan de Comunicaciones
Futuro	L1 – Impulsar y Mantener Cultura De Servicio en CH L2 – Optimizar Procesos y Actividades de RRHH L3 – Asegurar la Disponibilidad y Uso de la Información del RRHH	• Tiempo de ciclo de procesos clave • % de Empleados que usan sistemas on line • Cobertura de competencias críticas en CH	• de capital humano • Cumplimiento de plan de capacitación de personal de CH • Disponibilidad de sistemas en línea

Figura 4-7 Cuadro de Mando de CH Banco Uno

4.4 Consideraciones adicionales para desarrollo de Mapas Estratégicos y Cuadros de Mando en las funciones de apoyo

Contrario a lo que pudiese pensarse, el desarrollo de los mapas estratégicos y los cuadros de mando en las funciones de apoyo, suele ser más complejo que el de las funciones operativas. Las causas de esta complejidad están fundamentalmente guiadas por:

1. Las unidades operativas suelen tener una "cultura de planificación", una "cultura de gerencia por procesos" y una "cultura de medición" mas fuerte que las unidades de apoyo (capital humano, mercadeo y ventas, finanzas, entre otras)

2. Las unidades operativas tienen usualmente un esquema de alineación y rendición de cuentas "vertical", respondiendo a lineamientos de entes superiores. Por su parte, las unidades de servicio y apoyo, tienen un esquema de alineación y rendición de cuentas matricial: por un lado atienden y responden a lineamientos corporativos, y por el otro deben manejar "acuerdos de nivel de servicio" con sus clientes internos o externos, entender la estrategia corporativa y operativa, para poder generar planes específicos que puedan atender a la diversidad de necesidades de otras funciones o de unidades operativas.

En este sentido, para desarrollar su cuadro de mando integral, una unidad de servicio debe realizar múltiples conversaciones y múltiples acuerdos con diferentes entes organizacionales, para poder desarrollar su propia estrategia, alineada con los requerimientos corporativos y de sus clientes (generalmente clientes internos).

La siguiente figura refleja este enfoque:

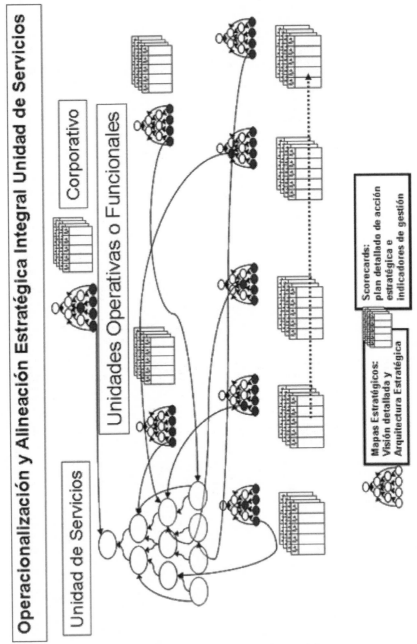

Figura 4-8: El BSC en Unidades de Servicios

4.5 Lista de Indicadores de Referencia:

Tabla 4-3 Indicadores Básicos del Negocio

RESULTADOS	INDICADOR	
	EMPRESAS DE MANUFACTURAS	EMPRESAS DE SERVICIO
CLIENTES	• Participación de mercado. • Grado de satisfacción del cliente. • % de Reclamos	
FINANCIEROS	• Valor Económico Agregado (EVA). • EBITDA • ROA • ROCE • RONA • Efectivo Generado por las Operaciones. • Rentabilidad del Patrimonio. • Rentabilidad del Activo. • Rotación de Cuentas por Cobrar. • Rotación de Cuentas por Pagar. • Deuda / Patrimonio. • Días en la calle (facturación)	
OPERACIONES	• Efectividad de Planta. • Precio de Realización / Costo del Producto o Servicio. • Relación Precio de Realización / Precio del Mercado. • Rotación de los Inventarios de Materia Prima, Producto Terminado y Materiales y Repuestos. • Oportunidad en la Entrega del Producto. • Manejo y Aplicación del Capital del Efectivo. • Rendimiento de Materiales. • Costo Unitario de Producto.	• Efectividad en la Prestación del Servicio. • Confiabilidad del servicio. • Precio de Realización / Costo del Producto o Servicio. • Relación Precio de Realización / Precio del Mercado. • Rotación de los Inventarios de Materiales y Repuestos. • Oportunidad en la Entrega del Servicio. • Manejo y Aplicación del Capital del Efectivo. • Conservación de Ecosistemas. • Rendimiento de Materiales. • Costo Unitario del Servicio.

Personal	• Productividad Laboral. • Rotación de Personal. • Clima Organizacional. • Participación de los Trabajadores. • Ausentismo Laboral. • Grado de Dominio de Puestos de Trabajo. • Desempeño Individual. • Seguridad Industrial.

Tabla 4-4 Indicadores Por Proceso/Unidad

UNIDAD PROCESO	INDICADORES	
	Empresa De Manufacturas	**Empresa de Servicio**
Ventas	• Grado de satisfacción de clientes externos y externos. • Participación en el mercado. • Rentabilidad de los clientes (segmentos de mercado). • Captación de nuevos clientes. • Perdidas de clientes. • Eficacia de las visitas a clientes. • Ocupación de la fuerza de venta. • Cumplimiento del programa de ventas. • Cumplimiento del programa de ventas. • Reclamos. • Devoluciones de pedidos o facturas. • Retrabados en la reelaboración de órdenes, pedidos o facturas. • Oportunidad en la entrega de despachos y facturas. • Tiempo de ciclo de facturación. • Inventario de despachos o pedidos por facturar. • Grado de dominio de los puestos de trabajo.	• Grado de satisfacción de clientes externos y externos. • Participación en el mercado. • Rentabilidad de los clientes (segmentos de mercado). • Cobertura del servicio. • Captación de nuevos clientes. • Perdidas de clientes. • Eficacia de las visitas a clientes. • Ocupación de la fuerza de ventas. • Cumplimiento del programa de ventas. • Quejas y reclamos por servicios deficientes. • Devoluciones de facturas. • Retrabajos en la reelaboración de órdenes de servicios o facturas. • Oportunidad en la entrega de facturas. • Tiempo de ciclo de facturación. • Inventario de servicios por prestar o facturar. • Grado de dominio de los puestos de trabajo.

Producción	<ul><li>Grado de satisfacción de clientes internos.</li><li>Efectividad de la planta.</li><li>Cumplimiento del programa de producción.</li><li>Cumplimiento del plan de despacho.</li><li>Devoluciones de pedidos.</li><li>Rechazos de productos en líneas de producción.</li><li>Retrabajos en la reelaboración de productos.</li><li>Oportunidad en la fabricación de productos.</li><li>Tiempo de ciclo de producción.</li><li>Inventario en procesos.</li><li>Desperdicios en producción.</li><li>Ocupación del personal en producción.</li><li>Grado de dominio en los puestos de trabajo.</li></ul>	<ul><li>Grado de satisfacción de clientes internos.</li><li>Efectividad en la prestación de servicios.</li><li>Calidad en la prestación del servicio.</li><li>Retrabajos en la prestación de servicios atendidos.</li><li>Oportunidad en la prestación de servicios.</li><li>Desperdicios de materiales en la prestación del servicio.</li><li>Ocupación del personal.</li><li>Grado de dominio de los puestos de trabajo.</li></ul>

Administración y Finanzas	<ul><li>Grado de satisfacción de clientes internos.</li><li>Oportunidad en el pago a proveedores.</li><li>Oportunidad en el cobro de facturas.</li><li>Oportunidad en la emisión de los estados financieros.</li><li>Cumplimiento en la cantidad de pagos o cobros por efectuar.</li><li>Cumplimiento en la calidad de informes contables, cheques y costos de productos.</li><li>Inventario de excedente de efectivo no colocado.</li><li>Rendimiento de las colocaciones (manejo y aplicación del efectivo).</li><li>Eficiencia en uso del recurso del dinero.</li><li>Tiempo de ciclo de los procesos de cobro de facturas o pagos a proveedores.</li><li>Costo unitario de producción y/o servicio.</li><li>Cumplimiento en la ejecución del presupuesto.</li><li>Cumplimiento en la ejecución del plan de desembolsos</li><li>Ocupación del personal.</li><li>Grado de dominio en los puestos de trabajo.</li></ul>
Procura y Suministros	<ul><li>Grado de satisfacción de clientes internos.</li><li>Cumplimiento de cantidad de materiales y/o repuestos.</li><li>Cumplimiento en la cantidad de las adquisiciones.</li><li>Cumplimiento en la entrega de materiales y/o repuestos.</li><li>Oportunidad en la tramitación de las órdenes de compras.</li><li>Retrabajos en la elaboración de las ordenes de compras</li><li>Tiempo de ciclo en la tramitación de las órdenes de compras.</li><li>Factor de servicio en los almacenes.</li><li>Rotación de inventarios en los almacenes de materiales y/o repuestos.</li><li>Desperdicio de materiales deteriorados en almacén.</li><li>Ocupación del personal.</li><li>Grado de dominio de los puestos de trabajo.</li></ul>

Mantenimiento	• Grado de satisfacción de clientes internos. • Tiempo promedio de atención de fallas. • Tiempo promedio de reparación de fallas. • Costo de las reparaciones. • Disponibilidad de maquinarias y equipos. • Cumplimiento del programa de mantenimiento. • Oportunidad en el cumplimiento de las órdenes de servicio. • Quejas y reclamos por servicios deficientes. • Inventario de órdenes de servicios no atendidas. • Tiempo de ciclo en la prestación del servicio. • Ocupación del personal. • Grado de dominio en los puestos de trabajo
Recursos Humanos Capital Humano	• Grado de satisfacción de clientes internos. • Cumplimiento en la cantidad de cargos vacantes, adiestramiento y atención de servicios. • Cumplimiento en calidad del personal seleccionado. • Cumplimiento en calidad del adiestramiento impartido. • Quejas y/o reclamos (Incluye pagos al personal y/o servicios deficientes). • Oportunidad en la selección del personal. • Oportunidad en la tramitación de pagos al personal. • Cumplimiento del programa de capacitación y formación • Retrabajo por servicios o productos no conformes. • Tiempo de ciclo en los procesos de selección, reclutamiento, capacitación, desarrollo y pagos al personal. • Ocupación del personal • Ausentismo laboral • Grado de dominio de los puestos de trabajo. • Desempeño individual • Seguridad ocupacional

| Seguridad Higiene Ambiente | <ul><li>Toneladas de materiales peligrosos generados</li><li>Número de auditorías ambientales – no conformidad y cuestiones de riesgo documentadas</li><li>Número de avisos de violaciones de agencias reguladoras</li><li>Número de descargas ambientales reportables</li><li>Número de incidentes ambientales reportables conforme a regulaciones locales, estatales, o nacionales</li><li>Lesiones y enfermedades registrables totales</li><li>Desechos Sólidos</li><li>Desechos de empaques</li><li>Emisiones y efluentes totales</li><li>Gastos de control de emisiones y efluentes</li><li>Contaminación de aire prevenida – toneladas</li><li>Tiempo medio para preparar permisos de entes reguladores</li><li>Tiempo medio para preparar inventario de emisiones y efluentes</li><li>Emisión de aire total – toneladas</li><li>Número de días requeridos completar inventario de emisiones</li><li>Número de días requeridos completar inventario de desechos</li><li>Gastos de capital para control de contaminación</li><li>Gastos de capital para prevención de contaminación</li><li>Días de trabajo perdidos</li><li>Gastos directos en Salud y Seguridad</li><li>Uso de energía (BTU, KWH)</li><li>Costos de auditoría ambiental y Pagos de multas ambientales</li><li>Horas de capacitación en seguridad</li><li>Gastos de capacitación en Seguridad y Salud</li><li>Gastos de Capacitación y Formación ambientales totales</li><li>Porcentaje de proveedores con acreditación ambiental</li><li>Toneladas prevenidas por desechos, emisiones y efluentes</li><li>Costos de Reciclaje</li><li>Toneladas de desechos procesadas</li><li>Toneladas de desechos de proceso generadas</li><li>Toneladas de desechos de proceso recicladas</li><li>Toneladas de desechos de proceso totales</li><li>Las toneladas de desecho de proceso tratadas</li><li>Contaminación del agua prevenida – toneladas</li></ul> |

5

La Automatización y Análisis de los Indicadores de Gestión Empresarial

5.1 Pensando en su "Cuadro de Mando"

En este capítulo nos concentraremos en un desafío particular que afrontan muchas organizaciones – como seleccionar la adecuada infraestructura de tecnología de información para apoyar una implementación del sistema de gestión basado en cuadro de mando o cuadros de mando integral (CMI). Hablaremos primero de los motivos para usar aplicaciones de software para apoyar al CMI y luego hablaremos de algunas soluciones en el mercado. Incluyendo un marco para seleccionar el software para el CMI.

Los instrumentos de software para automatizar el Cuadro de Mando o Cuadro de Mando Integral (Balanced Scorecard) son un elemento cada vez más importante de las iniciativas de cambio, porque no sólo reducen el costo total de mantener los sistemas de medición y gestión, sino que también aceleran el proceso de implantación y a su vez aseguran la disponibilidad general de información oportuna. Combinado con elementos como la intranet de una organización, ellos proporcionan un instrumento poderoso para dar el acceso global a los indicadores de desempeño, así como una puerta para compartir el conocimiento.

Muchas de las organizaciones usan algún tipo del sistema automatizado para ayudar a la implementación los sistemas de medición y gestión. Hoy en día hay más de diez opciones certificadas por los creadores de la metodología del Balanced Scorecard que pueden apoyar a este proceso. Aunque algunas organizaciones comiencen sus esfuerzos de BSC comprando uno de muchos productos comerciales, la mayoría ha encontrado que es mejor desarrollar un prototipo "manual" del proceso, para luego seleccionar la herramienta mas adaptada a la organización.

En esta etapa nos gustaría enfatizar que la selección o adquisición del software no viene primero que la implementación. Antes de que usted comience a considerar la solución de software, debería haber desarrollado con éxito ya un CMI robusto, con un grado de definición relativamente avanzado. Tal vez le falte desarrollar algunos indicadores, pero al menos debe tener mas del 50% de ellos desarrollados, con datos y accesibles. Ya debería haber desarrollado su mapa estratégico. Ya debería haber desarrollado sus medidas, apropiadamente definidas, y haber confirmado que estas medidas animarán el impulsarán los comportamientos deseados. Ya debería haber abordado el tema de la vinculación del CMI con los sistemas de recompensa de su organización y, de ser así, como piensa llevar a cabo esta vinculación. Usted habrá establecido un programa de educación apropiado para explicar a la gente de la manera el nuevo esquema trabajará. Sólo entonces debe usted comenzar a formular la infraestructura que permitirá que usted integre, tenga acceso y comunique los resultados de su CMI.

Cuando usted desea un "tablero de control", debe estar seguro de lo que quiere. Viva el proceso de elaborar su "Cuadro de Mando Integral" antes de invitar a otros a acometer su implementación. Ejercite en su mente este proceso. En nuestra cultura, con bajos niveles de uso de esquemas de medición y rendición de cuentas, hemos escuchado muchas veces la frase: *"Nadie quiere un tablero de instrumentos, el jefe sí"*. El resto quiere muchas cosas, pero un tablero de instrumentos no es una de ellas. Unos buscan un mejor desempeño y mayor productividad. Otros quieren la capacidad de lograr los compromisos en las fechas límite. Otros buscan como manejar recursos escasos con más eficacia. Otros quieren evitar fracasos – o al menos fracasos sorpresivos. Otros, rezan fervientemente cada amanecer porque las cosas sigan bien los siguientes tres años, hasta su retiro. O quizás todos quieren simplemente estar conscientes de cuanto valor realmente añaden a la compañía.

Incluso el término comúnmente usado de "tablero de control" o "tablero de instrumentos" no es una metáfora particularmente exacta. Cuando la mayor parte de nosotros piensa en tableros de instrumentos, se nos viene a la mente un automóvil. El tipo de tablero de instrumentos de un automóvil familiar sería el más indeseable para la dirección corporativa. Los tableros de instrumentos del automóvil nos dicen lo que ha pasado ya. Ellos nos dicen la velocidad que hemos alcanzado ya. Ellos nos dicen cuanto combustible hemos usado ya. Hay algunas advertencias útiles, pero lo que nos dicen, sobre todo en casos de emergencia, generalmente viene demasiado tarde para nosotros poder hacer algo. Cuando la luz del aceite destella, todo lo que podemos hacer es hacernos a un lado en la vía y dejar los demás circular. ¿A quién le gustaría añadir algo así a su arsenal de instrumentos de dirección?

Trágicamente, muchas compañías que instalan "tableros de instrumentos", siguen exactamente este enfoque. Ellos conseguirán el tablero de instrumentos simplista, como el del automóvil, cuando lo que necesitan está más cercano a la instrumentación sofisticada encontrada en el sistema de navegación de un aeroplano. En el tablero de instrumentos de un aeroplano, usted puede ver el estado actual: velocidad, consumo de combustible, y otros por el estilo. Pero usted también puede conseguir la información que puede ayudar a dirigirle a donde usted tiene que estar en el futuro. En casos sofisticados, el panel de instrumentos del avión le da una visión de las zonas de tormenta que están más adelante. Los datos del sistema de radar le advierten del tiempo difícil y otros riesgos que se encontrará mas adelante. Otros instrumentos supervisan la velocidad de viento y la dirección para decirle de las fuerzas externas que le ayudan o perturban en su avance.

Esto puede parecer cuestión de semántica, pero puede significar una diferencia crucial. No importa cuan sofisticado sea el automóvil, ninguno de nosotros trataría de conducir únicamente mirando el tablero de instrumentos. En el avión, en cambio, usted realmente puede volar completamente "por instrumentos". No hay señales de tránsito a esos niveles. De hecho, hay momentos y condiciones del tiempo donde hay que confiar en los instrumentos más que en el instinto humano. Nuestros sentidos son fácilmente engañados, y nuestros tiempos de reacción son simplemente demasiado lentos para ser útiles a velocidades supersónicas. Pero los sistemas de navegación permiten que equipos de pilotos y controladores aéreos coordinen grandes cantidades de aviones simultáneamente y garanticen aterrizajes seguros, día tras día – hasta en las condiciones de tiempo más adverso.

Así que, tenga cuidado con lo que pide, porque probablemente eso será lo que reciba. Algunas empresas invierten desde 100.000 US$ hasta millones de US$ en sofisticados sistemas de información, y al final tienen un tablero como el del automóvil familiar, en lugar de un panel de navegación. Describir lo que usted necesita es el paso más importante de todo el proceso. Si los tableros de instrumentos tienen un punto débil, éste está en su planificación y diseño original.

De manera que, cuando hablemos de "tablero de instrumentos" (cuadro de mando, panel de instrumentos, panel de control, tablero de control, tablero de comando), asuma que realmente hablamos de un sistema de navegación – ya que suponemos que esto es lo que la mayor parte de los ejecutivos y gerentes realmente buscan para poner en práctica en su organización.

Esto nos trae a un nuevo juego de preguntas. ¿Cuál es su destino? ¿Qué espera usted conseguir al poner esto en práctica? ¿Cuán diferentes serán las cosas?

Tómese unos minutos para pensar en ello.

¿ESTÁ USTED LISTO?

No si se saltó el paso anterior. Si usted estuviera demasiado ocupado o pensara que esto era una pérdida de tiempo, haga a sus empleados y a su compañía un gran favor. No ponga en práctica un tablero de instrumentos. Si usted no puede encontrar dos minutos para imaginar y visualizar lo que trata de llevar a cabo, ¿realmente será capaz de poner el tiempo y esfuerzo real para lograr el éxito? Si usted no puede, se arriesga a hacer más daño que bien a su empresa.

¿Por qué? Comenzamos con una premisa simple: la métrica representa una fuerza poderosa. La métrica acertada, puesta en práctica del modo adecuado, puede impulsar a una organización a la alineación, sacar a flote problemas ocultos, y ser un catalizador que le propulsa a niveles excepcionales de desempeño y cierre de brecha. Pero, disculpen la comparación, como en Guerras de las Galaxias, hay también 'un lado oscuro' a la fuerza. La métrica incorrecta o la implementación incorrecta pueden destruir el desempeño, desmotivar a su gente, y enmascarar problemas serios hasta que sea demasiado tarde para resolverlos.

A pocos de nosotros realmente nos faltan datos. De hecho, la mayor parte de nosotros estamos inundados de datos. El desafío que afrontamos realmente debe reducir los datos, entender y concentrarse en la información relevante, en lo que es realmente importante. Como diría Taiichi Ono, el fundador del legendario sistema de gerencia de la Toyota, el asunto es "aprender a ver". Para ver, usted tiene que estar listo para mirar cosas de manera diferente, con "nuevos ojos", de un nuevo modo. Y para hacerlo, usted tiene que estar listo para invertir el tiempo de preparación.

En nuestros apoyos a las organizaciones para construir "tableros de instrumentos" como sistemas de navegación, aplicamos metodologías como el Balanced Scorecard – Cuadro de Mando Integral – para asegurar un destino seguro. Esta metodología le permite:

- Establecer el "mapa de ruta" o mapa de la estrategia
- Seleccionar la métrica adecuada que se ajuste a sus intenciones estratégicas, y establecer los mecanismos para su revisión y su maduración.
- Visualizar los esquemas de "tablero de instrumentos"
- Establecer la integración del tablero con su "arquitectura de información"
- Modelar, comunicar e implementar, en cascada e integrados, los tableros de instrumentos
- Desarrollar simuladores y laboratorios de aprendizaje para mejorar sus esquemas de estrategia y medición

5.2 Reportes de Resultados con Herramientas Básicas: Paneles-Tableros y Simuladores

En el apoyo a los empresarios y directivos en la selección de sus indicadores de desempeño empresarial, con herramientas como el Balanced Scorecard – Cuadro de Mando Integral, una de las situaciones de decisión que se presenta en estos temas, es el de la selección de las herramientas y mecanismos de reporte. Para comenzar, se hace la pregunta "¿Seguiremos con los voluminosos informes en papel, o usaremos herramientas de tecnología de información? ¿Cuáles?"

A pesar del avance de los sistemas de información, seguimos viendo los voluminosos informes de resultados sobre los escritorios de los ejecutivos (irónicamente, junto al computador). También hemos visto las propuestas de empresas de software que suministran el tipo de soluciones que permiten "automatizar" los reportes. Lamentablemente a costos a veces inaccesibles en un mundo donde más del 80% de las empresas son pymes o microempresas.

Veamos a continuación algunos aprendizajes derivados de la experiencia, que si bien están formulados para pequeñas y medianas empresas, son válidos y han sido utilizados por grandes empresas.

5.2.1 Aprendizaje 1: Use un Panel –Tablero para su reporte:

Un Tablero o Panel de Instrumentos ofrece muchas ventajes. Imagínese el manejar su vehículo sin instrumentos. Usted puede construir un tablero para su empresa, con los indicadores más relevantes.

Los tableros de instrumentos pueden "destilar" cantidades masivas de datos en una sola página o una sola pantalla, mostrando resultados sucintos. Con un diseño adecuado, los informes mediante tablero de instrumentos pueden reducir la inundación de papel a una sola hoja. Posteriormente podrá "navegar" hacia aguas mas profundas, solicitar informes adicionales, si el desempeño de un indicador así lo requiere.

Los tableros de instrumentos pueden mostrar una amplia variedad de resultados en una página, de un solo vistazo. Esto permite que los gerentes comparen muchos resultados el uno al otro, dándoles una vista más exacta de su organización y más rápidamente. Con informes tradicionales, los gerentes tienden a comparar muchos hechos, de muchos informes recibidos, a lo largo de muchos días; con informes de tablero de instrumentos, está todo allí delante de ellos.

Los tableros de instrumentos pueden enfatizar fácilmente áreas de desempeño y resultados que más preocupan a los gerentes. Este es porque los tableros de instrumentos son muy modulares.

Los tableros de instrumentos no son sólo para gerentes. Pueden ser construidos y usados a todo nivel en la organización, incluso el individual.

5.2.2 Aprendizaje 2: Use las herramientas tecnológicas a su disposición, luego piense en mejorarlas o en recurrir a nuevas herramientas

Suponga que usted es un empresario o un gerente. Usted ha tenido un día largo en el trabajo. Los informes generados con de hoja de cálculo "ensucian" su escritorio.

Cuando usted finalmente llega a casa para la tarde, usted recoge una revista de negocios para distraerse. Pero, como usted está demasiado cansado para leer algo, se limita a mirar los cuadros y figuras.

Muchos de aquellos "cuadros" en su revista son pequeñas gráficas y tablas o figuras que resumen más datos que los informes típicos generados en

Excel y que cubren su escritorio. Imagínese si sus informes pudiesen tener el sentido de síntesis y el atractivo de lo que ve en esa revista.

Los artistas gráficos que trabajan en revistas comerciales saben crear cartas y tablas que son fáciles para leer. Aprenda de esta gente. El modo más fácil de hacerlo es buscar gráficos y tablas en revistas comerciales, figuras que usted puede adaptar a sus propias necesidades de generación de reportes. Y la mejor noticia, usted puede hacerlo con un software del que seguramente ya dispone: el Excel.

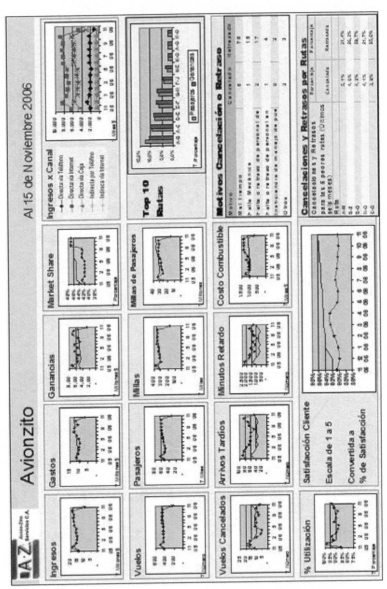

Figura 5-1 Panel de Control o "dashboard" en Excel

Con los avances de la tecnología de información, el movimiento hacia el uso de tableros o paneles hace ya tiempo superó las berreras del Excel (o de la hoja de cálculo que usted use, en este artículo haremos referencia al Excel por ser de uso muy común).

Es decir, muchos productos de software generan informes de tablero de instrumentos. Aún así, el Excel sigue siendo una herramienta de fácil acceso, disponible para la mayoría de los usuarios de computadores personales, y tiene enormes capacidades para crear informes de tablero de instrumentos.

El Excel provee a usuarios de poder significativo y flexibilidad para esta tarea. Y el costo incremental del tablero de instrumentos que hace un informe con Excel es esencialmente cero. Esto luce atractivo si usted tiene una Pyme y está pensando en lo que costaría una inversión adicional para su empresa.

¿Por qué es Excel ha sido tan subutilizado para esta aplicación, la construcción de tableros?

Se me ocurren al menos, tres motivos.

Primero, las compañías de software pueden desarrollar un software patentado que provee los mecanismos para el reporte mediante "dashboards" (tableros de instrumentos). Irónicamente, gran parte de ellas sugieren el uso de herramientas similares al Excel, o el Excel mismo, para el manejo de datos o para visualizarlos. Para esas empresas la venta de una solución basada en Excel ofrece una fracción diminuta del potencial de ganancias. Por lo tanto, pocas compañías de software presentan interés en promover el Excel para este fin.

Segundo, pocas personas han descubierto las técnicas que hay que aplicar en Excel para crear informes de tablero de instrumentos de alta calidad. Aunque las técnicas sean relativamente fáciles de usar, no son obvias.

Tercero, Se suele pasar por alto el Excel como herramienta útil para generar reportes de alta calidad, visualmente "atractivos". Imagínese por un momento un informe de Excel típico producido por un usuario Excel típico. Compare ese informe y su esquema con los que usted suele ver en las revistas de negocios, o en los reportes de indicadores de los periódicos. No es sorprendente que la gente acostumbrada por mucho tiempo al estándar de informes de Excel, nunca pensaría usarlo para producir informes de paneles de la calidad que usted ve en una revista. Por difícil de creer que le parezca, usted puede reemplazar esos tediosos informes de muchas páginas, múltiples tablas y gráficos, con una sola página o pantalla, usando el Excel, y con una calidad gráfica impresionante. Es difícil creer que mismo producto —Excel— genere ambos juegos de informes. Para una muestra de un informe de este tipo, vea la figura 5-1. Este informe es el prototipo generado para una empresa de aviación comercial, y resume los elementos de tres perspectivas de su Balanced Scorecard.

¡Así que, para comenzar, olvide las grandes inversiones en software adicional, y use las herramientas que ya tiene en su computador! Según los usuarios avanzados, estas posibilidades de reporte están mejoradas en la versión 2007 del Excel, así que prepárese para mejorar sus reportes de resultados.

No podemos dejar de lado el manifestar las posibles desventajas de usar el Excel (o la hoja de cálculo de su preferencia), más allá de cierta etapa de la implementación de su CMI. Las desventajas principales de usar hojas de cálculo estándares son las siguientes:

1. Poca o ninguna escalabilidad – Los cuadros de mando rápidamente coparán las capacidades de las hojas de cálculo en una empresa medianamente grande. Así que prepárese para hacer el cambio a herramientas especializadas. Mas adelante, en este capítulo, haremos referencia a las mismas, una de ellas del mismo Microsoft.
2. Mucho tiempo para actualizar – por lo general las hojas de cálculo requieren actualización manual, lo que hace el proceso lento, y deja espacio para los errores de carga de datos.
3. Ninguna colaboración y apoyo de comunicación – los datos son almacenados en hojas de cálculo individual, a menudo dispersas en máquinas diferentes, y esto requiere de una disciplina enorme para integrarlas en la misma hoja de cálculo.
4. Análisis difícil – porque los datos son almacenados en hojas de cálculo individuales, es difícil y requiere del tiempo para juntarlas para el análisis.

5.2.3 Aprendizaje 3: Los simuladores de negocios – Construya su propio simulador de vuelo

Por años hemos trabajado con herramientas se simulación dinámica como el ithink, el Powersim y el Vensim, para construir "simuladores de vuelo" empresariales o lo que se ha denominado el "Balanced Scorecard Dinámico". Sin embargo, estas son herramientas poco conocidas en el ámbito empresarial, aunque altamente poderosas para el desarrollo de simuladores. De nuevo, una empresa típica, y un usuario típico, recurrirá a las herramientas básicas de simulación que ya conoce: de nuevo el Excel.

Lamentablemente, habrá que recurrir a tediosas sesiones de simulación, cambiando una o más variables, detallando y analizando cada resultado de la simulación si usted usa Excel para este propósito. Con un arduo trabajo, en medio del cansancio, podrá llegar a conclusiones sobre las opciones de acción. Con las posibilidades del Excel, mejoradas en la versión 2007, usted puede serenar reportes para cada simulación, y luego sentarse a analizarlas.

Todos éstos "what-ifs" pueden convertir un informe simple en muchos análisis. Pero, aún así, tiene un largo recorrido por realizar. Estos problemas se hacen aún peores cuando usted tiene que mostrar sus resultados de Excel usando otro software . . . como PowerPoint, por ejemplo, o sobre la Web. Esto es lo que los usuarios suelen llamar "el infierno de Excel" (Excel hell)

Como una opción, con una inversión de unos 200 US$, o hasta gratis su usted no es demasiado exigente, puede acceder a herramientas en el mercado que le permiten construir sus propios simuladores, ahorrándose el tiempo de "jugar" con el Excel.

Los simuladores son instrumentos de visualización de datos que, en general, parten y se basan en Excel para sus datos y lógica. Son diseñados para gerentes, analistas, educadores, y otros que tienen que deseen presentar resultados numéricos interactivos de un modo confiable y visualmente atractivo.

Usted simplemente importa su hoja de cálculo Excel en el simulador, entonces trazan un mapa de los valores usando los componentes y los gráficos del simulador. Usted puede jugar luego con los valores y al instante obtener los resultados de simulación para reflejar la lógica incorporada en su hoja de cálculo.

En la figura 5-2 podrá ver uno de estos simuladores, desarrollado con una de esas herramientas (Cristal Xcelsius). Si desea algo mas sofisticado, puede adquirir una de las herramientas de simulación dinámica ante referidas, para lo cual debe aprender algo de "pensamiento sistémico" necesario para su uso efectivo.

En el ejemplo de la figura 5-2, muestra el "dupont" de las perspectivas de resultados financieros de una empresa bajo los parámetros de su plan anual. Como ejecutivo, con el uso de este simulador, puede estimar los ajustes necesarios que permitan definir metas para los componentes de su organización, de manera que los resultados de Ingresos Netos superen los 1800$ (las cifras están expresadas en miles de US$). Note que el resultado actual es 1006. En otras palabras que simule las acciones necesarias para aumentar el EBITA a un valor superior a los 1800$.

Realizar esto en Excel, requeriría de múltiples simulaciones con cada variable. Luego de pulsar el botón de "Activar el Simulador", usted se encuentra con un conjunto de "selectores" que le permiten ajustar cada variable. A primera vista, uno podría pensar que debe aumentar la "tasa de crecimiento", actualmente en 7% a un valor más alto. Con su mouse, déle vuelta al selector hasta el valor que usted desee. Se dará cuenta que, además de la locura que seria sugerir tasas de crecimiento muy altas, esto no es suficiente para lograr el resultado deseado. Pareciera que este no es un impulsor de mucho "peso" en los ingresos, pues apenas se producen cambios en los ingresos al aumentar esta tasa. Así que dejemos la tasa de crecimiento en alrededor del 14,11%, lo que es posible dadas las capacidades de producción y las tendencias de crecimiento del mercado.

Juguemos ahora con el "Costo De Producción". Colóquese sobre el botón azul del selector y desplácelo a la izquierda (pulse el botón izquierdo de su Mouse al hacerlo) ¡Vaya! Este factor si que hace la diferencia. Bajemos el costo unos cinco puntos, de 45% al 40%. (Esto equivale a una meta de reducción de 10% en los costos de producción). Ya nos acercamos a la meta de ingresos.

Tome ahora la iniciativa. Intente con los Costos de Ventas y los de Administración. También debe poner metas retadoras a estas organizaciones. Verá que con estos ajustes, podrá llegar a la meta de 1800$ que se le ha solicitado. Ahora tendrá que negociar las metas individuales de cada departamento, bajo los lineamientos de metas que su simulador le ha permitido establecer. ¡Manos a la obra!

Como verá, con herramientas simples, a partir de una hoja en Excel, además de generar reportes de alto contenido, usted puede construir sus propios simuladores de vuelo.

5.2.4 Aprendizaje 4: De los simuladores a los laboratorios de aprendizaje

Usted habrá notado las posibilidades que un simulador ofrece para "aprender" sobre las variables clave de su negocio. Con un poco de inventiva y tenacidad, podrá construir simuladores para cada área de su negocio, acompañados de sus reportes de resultados en una hoja.

Pero, esto no es suficiente. Usted tiene algunos ejecutivos que están el su "plan de desarrollo". Con los simuladores y los informes tipo tablero, usted puede crear reuniones para entender como funciona el negocio. Sesiones de simulación, que permitan conversar sobre los juegos de simulación, sobre las variables clave y así aprender sobre los impulsores reales del desempeño de su negocio.

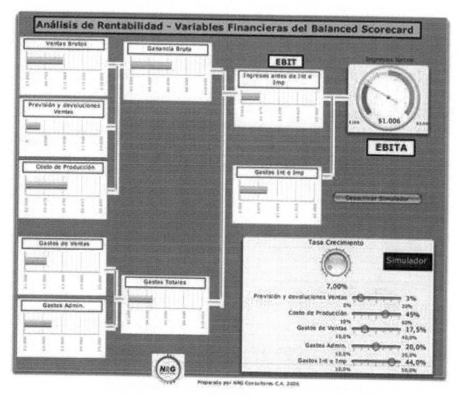

Figura 5-2 Simulador de vuelo empresarial

Desarrollado con Crystal Xcelsius

Estas sesiones, pueden ser parte de sus programas de capacitación. El uso de los simuladores, como un juego, despertará la creatividad de sus empleados. Así que inicie sus laboratorios de aprendizaje.

Para concluir con estos ejemplos, vemos que podemos pasar de los reportes tradicionales, a los reportes de una hoja generados en Excel, luego a los simuladores y luego a los laboratorios – juegos de aprendizaje. Este proceso de desarrollo de su tablero de control y de un simulador de sus variables críticas de desempeño, no le tomará mas allá de un par de meses, con un impacto organizacional enorme y usando herramientas básicas de fácil acceso.

5.3 Algunas soluciones en el mercado

Robert Kaplan [1] indica que el software para CMI ayuda a organizaciones a enfocarse en su estrategia porque:

(1) Dan de una representación visual de su estrategia mediante los mapas de estrategia;
(2) Apoyan la cascada del CMI de alto nivel a CMI personalizados de las unidades de negocio, servicios compartidos y unidades corporativas;
(3) Facilitan la comunicación de los CMI a todos los empleados;
(4) Apoyan el desarrollo de la estrategia como un proceso continuo proporcionando un nuevo marco de reporte y de acción.

Resumiendo los resultados de casi dos décadas de aplicaciones del CMI reflejados en la literatura sobre automatización del CMI, podemos mencionar las tres razones por las que los ejecutivos deben poner en práctica una aplicación de software para el CMI:

1. Integración de datos [2]: el software de CMI permite que organizaciones integren datos de fuentes o bases de datos múltiples.
2. Análisis de datos y almacenaje [3]: el software de CMI permite que las organizaciones analicen los datos a través de todos los juegos de datos del cuadro de mando, cualitativamente y cuantitativamente.
3. Comunicación y colaboración [4]: el software de CMI puede facilitar la comunicación de datos y su interpretación entre usuarios, "agras abajo" y "aguas arriba" y permitir colaboración y diálogo estratégico, que genera lazos de realimentación y aprendizaje.

5.3.1 Certificaciones

Desde 1999, *Balanced Scorecard Collaborative* desarrolló unos estándares para certificación de software para aplicaciones del Balanced Scorecard – BSC, sometiéndolas en aquella oportunidad a la opinión de los relacionados con la herramienta.

5.3.2 Algunas soluciones Certificadas

A continuación una lista de los proveedores mas conocidos en software de apoyo a la metodología del BSC. *Lamentablemente, muchas de ellas tienen un denotado enfoque hacia REPORTAR Y COMUNICAR RESULTADOS mas que a COMUNICAR ESTRATEGIA Y RESULTADOS. De allí que muchas tengan una alta calidad en manejo de indicadores y performance management y un pobre desempeño en el manejo del los mapas estratégicos (Strategy Maps)*

ActiveStrategy Inc: La solución de ActiveStrategy es 100 % a base de web. Desplegada como una aplicación de intranet interna (disponible en una versión en Línea, en cuyo caso ninguna instalación de lado de cliente es requerida)

Capaz de apoyar a miles de usuarios a través de organizaciones multifuncionales, multinacionales.

Administradores de cliente muy configurables, que permiten para acomodar exigencias complejas o marcos de medida de interpretación preexistentes sin código de encargo. Ver www.activestrategy.com

Bitam Stratego (http://www.bitam.com/spanish/) Herramienta lanzada al mercado por BITAM desde México (certificada en julio 2003 por collaborative). El nombre de la solución (Stratego) puede confundirse con la solución que desde 1997 tiene Visión Grupo Consultores (Strategos).

Business Objects : **Business Objects Performance Manager**. Enterprise Performance Management (EPM) permite que organizaciones de todos los tamaños unan objetivos, métrica y la gente para mejorar el desempeño, la eficacia y el impacto comercial. Con una vista de la información vital, cada uno tiene la capacidad de poder visualizar excepciones, tendencias, y tomar decisiones inteligentes.

Cognos : Cognos Metrics Manager Como su nombre lo indica, el software está muy orientado y tiene fortaleza hacia la métrica (performance scorecarding, KPI's). Tiene un muy buen visualizador para el dashboard. http://www.cognos.com

Consist FlexSI: Solución originaria de Brasil, es un software muy flexible y eficaz que sostiene capacidades de afrontar demandas en estrategias gerenciales. Es capaz mostrar una revisión detallada en tiempo real de cada indicador para la medida de estrategia del negocio, proveyendo no sólo su desempeño sino también los objetivos alcanzados, así como sus defectos, de tal modo que los esfuerzos pueden ser examinados de antemano. www. consist.com.br

Corporater : El Corporater Suite de BSC es un software modular. La solución contiene módulos para correlación de estrategia y desarrollo, colección de datos manual y automatizada, presentación, reporte, análisis y proyección de resultados con proyectos de acción. Los cuadros de mando son visualizados para usuarios por la web en una interfaz personalizada, para usuarios individuales o grupos de usuarios. www.corporater.com

CorVu: CORVU BSC Solutions, uno de los primeros en el mercado, con una solución de mucha fortaleza. Inicialmente muy focalizados a la gestión y medición. Hoy en día una solución completa. http://www.corvu.com

Hyperion : Aplicación derivada de las soluciones de controlling y de BI de Hyperion. De allí su lata orientación al performance management. Está integrada a una suite de soluciones del mismo proveedor. Solución muy sólida, mayormente orientada al Performance Management. Única herramienta que hemos visto con una aproximación explícita hacia los scorecard de individuos (personal scorecards) http://www.hyperion.com/products/

Information Builders : el WebFOCUS Performance Management Framework de Information Builders proporciona un sofware lleno de capacidades que permiten a una organización supervisar, analizar, y manejar el desempeño de cada aspecto de su negocio. Certificado para BSC y abierto a otras metodologías, el marco ayuda a compañías a optimizar el desempeño del negocio en un camino que se traduce directamente en rentabilidad y ventaja competitiva.

InPhase : El PerformancePlus provee un muy buen manejo de mapas, objetivos e indicadores. Apoya la gerencia del desempeño mediante el manejo de la estrategia, el seguimiento a los indicadores incluyendo el enlace por objetivo e iniciativa, habilidades disponibles, planificación de desarrollo y preferencias de personal. www.inphase.com

Intalev: El NAVEGANTE de INTALEV (INTALEV Navigator) está desarrollado para automatizar varias actividades: "objetivos – Planes – Ejecución – Control – Análisis" basado en el Balanced Scorecard. www.intalevnavigator.com. Puede ver un demo en:

http://www.intalevnavigator.com/index.php?id=4228

Microsoft : De nuevo nos sorprende Microsoft con sus herramientas integradas con Office. El Business Scorecard Manager es una muy completa aplicación de tablero de instrumentos que provee a trabajadores del conocimiento y de la perspicacia contextual profunda en sobre los impulsores del desempeño del negocio. Hemos visto al menos tres aplicaciones exitosas de esta solución. La información es entregada en un ambiente de colaboración para gerencia eficaz y acción en la organización gerenciala por resultados. Un producto de Office de Microsoft, ayuda a los empleados a construir, manejar, y usar sus propias tarjetas de tanteo, informes, y recursos visuales usando instrumentos familiares como Excel, PowerPoint y Word. Con estos instrumentos, los empleados pueden analizar relaciones entre indicadores de interpretación claves (KPIs) y objetivos comerciales tangibles.

http://www.microsoft.com/office/bsm

Oracle : Oracle BSC. Surge en noviembre 1998, cuando ORACLE compra a Graphical Information. Presenta una evolución del software Dynacard de Graphical, ahora como parte de las herramientas del SEM de Oracle. Poca información en páginas Internet de Oracle: http://www.oracle.com. Buscar SEM

Peoplesoft : Muy buena herramienta. Se integra con otras soluciones del proveedor y con ERP y BW de otros proveedores.

http://www.peoplesoft.com/corp/en/products/line/epm/index.jsp

Performancesoft : software dedicado a gerencia del desempeño. Lamentablemente, no lo hemos visto en operación. http://www.performancesoft.com/

Pilot Software : Pilot Software: Buena solución para propósitos de performance management, con altas capacidades para el análisis.

http://www.pilotsoftware.com/products_solutions/pbm.html

Procos : Solución de origen europeo (Finlandia). Con una aproximación interesante al manejo de mapas, objetivos e indicadores. http://www.procos.com/l_en/_frameset/default.asp

Prodacapo : ProDacapo: Una solución europea, con una aproximación completa a la aplicación del BSC. http://www.prodacapo.com/solutions/bsc.asp

QPR: QPR ScoreCard. Herramienta que ha evolucionado integrándose con otras soluciones del mismo proveedor. De origen europeo (Finlandia). http://www.qpronline.com

Rocket Software : Rocket's Enterprise Performance Management (EPM) proporciona una vista integrada de la estrategia de una organización, su desempeño a través de todas las unidades y un análisis detallado de sus operaciones. Colectivamente, esta capacidad permite la comunicación de estrategia de empresa y la medición, análisis y gerencia de las acciones tangibles que la sostienen.

Antes ofrecido por Gentia PLC y Open Ratings.

www.balancedscorecard.com

SAP: Incorpora el BSC primero bajo el esquema del Management Cockpit, y luego como una de sus herramientas de evolución de ERP hacia el SEM (Strategic Enterprise Management). Es una herramienta que se integra con las otras soluciones de SAP en el SEM (una solución muy sólida, que integra aspectos de planificación, simulación, consolidación financiera, activity based management, CRM): http://www.sap.com/sem

SAS, de SAS Institute:SAS Strategic Performance Management: incorpora su Management Compass (indicadores) y el Management Map. Herramienta que se integra con otras soluciones de SAS como: Financial Planning, Reporting & Consolidation; Activity Based Management; Risk Analysis; Profitability Modeling; Supplier Relationship Management; Supply Chain Management; IT Management; Human Capital Management y Analytic CRM. http://www.sas.com

Visión Grupo Consultores : Visión Grupo Consultores. Software STRATEGOS, diseñado totalmente en español, desde inicios de 1997, en Venezuela. También dentro del grupo de pioneros, evoluciona desde control de gestión hacia el BSC, integrando hoy en día la planificación y la gestión estratégica en la misma herramienta. Se integra con soluciones aplicadas a medición de competencias y maneja de manera muy amplia las "medidas blandas", lo que no suelen hacer las otras soluciones. http://www.visiongc. net. No confundir con el software del BSC que ofrece Vision International (empresa escandinava) que también provee una solución para BSC, no con el software Stratego de Bitam

Otras Soluciones – No certificadas:

BSC Visión Empresarial (software de Colombia): http://www.vision-empresarial.com/BSC.asp Tuve oportunidad de verlo en una demostración corta en Bogotá. Para mayores detalles, contactar a sus productores.

ITS KPI´s de ITS Soluciones (software de Colombia) Está en desarrollo hacia el Balanced Scorecard. Ya ofrece solución para performance management. http://www.its-solutions.net

Tuve oportunidad de verlo en una demostración corta en Bogotá. Para mayores detalles, contactar a sus productores.

Comshare: http://www.comshare.com/index.html

Alacrity: Alacrity Results Manager. Muy orientado hacia gestión mas que hacia estrategia. Estoy analizando sus esquemas de reporte y BSC para comentar más en detalle. http://www.alacrity.com

Ergometrics: Muy dirigida hacia gestión. El demo no indica si maneja causa y Efecto . . . : http://www.ergometrics.com

Dialog Software: ofrece una solución en su etapa de mercadeo, "gratis" http://www.dialogsoftware.com/

PM Express http://www.pm-express.com/

Host Scorecard:

http://www.hostanalytics.com/host_scorecard.shtml

JIT Performance Organizer:

http://www.jit-software.com/po.htm

Simpel Scorecard: http://www.simpel.com/features.htm

Software de simulación con aplicaciones de BSC:

Cristal Xcelsius, aplicación para simulación basada en Excel (muy buena!!!). Contactar a Business Objects

ithink: usado en los prototipos de simuladores de vuelo para BSC de Harvard (con Kaplan al frente):

www.iseesystems.com

powersim: incluye una aplicación BSC desarrollada en Europa por OASIS . . . http://www.powersim.com

Vensim: Otra herramienta con mejor solución gráfica: http://www.vensim.com

6

LA AGENDA GERENCIAL SEGUIMIENTO, EVALUACIÓN Y APRENDIZAJE

6.1 Preparándose para la Agenda Gerencial

Concluido el montaje inicial de "Cuadro de Mando o Cuadro de Mando Integral", su utilización cotidiana como sistema de Gerencia Estratégica supone llevar a cabo un proceso de implantación exitoso. Como todo proceso de cambio, requiere de una cuidadosa planificación. De hecho puede afirmarse que la implantación exitosa comienza con la adecuada conducción de la fase de montaje anteriormente descrita. La experiencia indica que la participación activa de los cuadros gerenciales y de supervisión en este montaje facilita enormemente la implantación y posterior uso cotidiano y entusiasta de la herramienta.

Al igual que la implantación de cualquier otro sistema, la del "Cuadro de Mando o Cuadro de Mando Integral" supone la realización de diversas tareas preparatorias entre las cuales se cuentan: impartir las capacitaciones y entrenamientos necesarios, poner a funcionar la infraestructura tecnológica necesaria ("hardware y software"), calcular los valores iniciales de los Indicadores, definir la organización, cuadro de responsabilidades y Sistema de Incentivos que el sistema exija.

Conviene aclarar la muy particular implicación que el "Cuadro de Mando o Cuadro de Mando Integral" tiene en la asignación de responsabilidades. La manera clásica de hacerlo es la reflejada por los organigramas, es decir por "función" a cumplir. A esta visión estructural, en los años ochenta y noventa del siglo XX, vino a añadirse la de Procesos, la cual supuso asignar a los miembros de la organización o empresa, responsabilidades de una nueva manera: *por la totalidad del proceso o parte de él*. El CMI o CM sugiere asignarlas de una manera aun más directa y por lo mismo más exigente. Para ello hay que recordar que este sistema de gerencia pone su énfasis en el logro de Objetivos. En efecto, formulado el mapa de la estrategia en tanto Visión a materializar y arquitectura estratégica a seguir, han de nombrarse responsables por el mapa de la estrategia y del cuadro de mando como un todo así como por cada uno de sus componentes, trátese de algún objetivo estratégico, indicador y meta o iniciativa a ser llevada a cabo. En este sentido, el CMI guarda cierto parecido con la ya remota Gerencia por Objetivos (GPO, MBO), muy en boga en los años sesenta y setenta del siglo XX. Las diferencias son sin embargo muy notorias. La GPO guardaba poca o ninguna relación explícita con la Estrategia y suponía una manera muy mecanicista de jerárquicamente concebir, negociar, relacionar y asignar responsabilidades dentro del sistema de objetivos resultante.

El CMI hace imperativo que los gerentes más afines con cada objetivo asuman por propia voluntad la responsabilidad de impulsar el área de acción correspondiente, convirtiendo esto en parte de su trabajo cotidiano normal y no como labor extraordinaria, viéndose en la obligación de impulsar los factores críticos de éxito constitutivos del objetivo, las iniciativas, indicadores y sus metas correspondientes. Por lo tanto, se deduce que es necesario que la evaluación de su desempeño gerencial e incentivos, se vean asociados al cumplimiento de estas responsabilidades estratégicas.

Entre sus nuevas responsabilidades estarán: revisar permanentemente el avance en el logro de los objetivos, impulsar las acciones en dirección a la intención estratégica correspondiente al área de acción que define el objetivo, coordinar los esfuerzos de los involucrados en la ejecución de las iniciativas y acciones constitutivos del plan de acción, así como armonizar su propia actuación y la de su equipo con la de los responsables por los demás objetivos.

En cuanto al Sistema de Gerencia Estratégica, el "Cuadro de Mando o Cuadro de Mando Integral" no supone la actuación en compartimientos estancos individualizados de los gerentes y supervisores de la empresa u organización, como tiende a fomentarlo la clásica organización por funciones.

Supone un uso colectivo y coordinado, operando más orgánicamente que por estancos. Las responsabilidades individuales se complementan con la actuación conjunta que, además de interpersonal, también ha de ocurrir vía las reuniones que efectúe el equipo gerencial. Estas reuniones, cuya periodicidad estará determinada por las realidades de cada negocio, pueden centrarse en el examen del avance realizado en relación a cada Tema Estratégico o grupo de objetivos, discutiendo lo que se está logrando, las metas cumplidas y no cumplidas, los problemas confrontados y debatir cómo superarlos, lo que conviene aprender de cada experiencia, etc. estructurarse en un alto porcentaje sobre sus bases.

Es importante recalcar que, a diferencia de la planificación estratégica tradicional, el CMI, bien implantado, supone su continua revisión y actualización, todo "en tiempo real". Normalmente esto ha de ocurrir en las reuniones gerenciales arriba referidas. En base a las circunstancias cambiantes, las hipótesis estratégicas validadas y no validadas, las lecciones aprendidas de la experiencia, etc., los gerentes y supervisores reunidos podrán sugerir e incorporar cambios en el CMI de la empresa u organización, que van desde simples afinamientos y mejoras hasta cambios sustanciales en las Iniciativas, las metas, los objetivos, los Temas Estratégicos e incluso el mapa de la estrategia como un todo. El CMI es pues susceptible de transformación continua. Reflejará el aprendizaje Estratégico que a toda empresa u organización conviene poseer. Sólo así podrá ser la herramienta Gerencial que conceptualmente está llamada a ser.

6.1.1 Principales premisas y actividades a considerar en la implantación.

La implantación del CMI:

- Es un PROYECTO.
- Debe contar con una estrategia de "venta" y comunicación.
- Diseño de la solución de tratamiento de la información: que esté sistematizada al máximo y no causar estrés en la organización y en su gente.
- Negociación de metas de arranque.
- Mostrar resultados a corto plazo.
- Capacitar a la gente para que pueda usarlo y sacarle provecho.
- Estrategia de despliegue: Evaluar si se inicia por partes, tipo proyecto piloto, o sólo en la cúpula de la organización y luego se cubre, paso a paso, a toda la organización; o despliegue amplio desde el inicio.
- USARLO, USARLO y USARLO en las reuniones gerenciales, análisis de proyectos, presupuestos, incentivos al personal, etc., etc. (Estrategia Continua).

6.1.2 Estrategias para la implantación del Cuadro de Mando o Cuadro de Mando Integral

- Alineamiento del Sistema de Incentivos al Personal.
- Desarrollarlo a través de un "proceso en cascada".

- Apoyo visible de la Directiva – Alta Gerencia.
- Hacerlo SIMPLE y de fácil uso.
- Mostrar resultados a corto plazo.
- Capacitar a la gente para que pueda usarlo y sacarle provecho.
- Socializar, publicar/comunicar: resultados y avances.
- Hacerlo de manera participativa y coordinada.
- Usarlo para:
  - Guiar Reuniones Gerenciales.
  - Hacer los presupuestos anuales sus revisiones y ajustes.
- Supervisar su implantación y uso:
  - Presentación de Resultados en esquema Cuadro de Mando o Cuadro de Mando Integral.
- Velocidad de Implantación: "lo perfecto es enemigo de lo bueno" (mejoramiento continuo y aprendizaje organizacional).

6.1.3 Otras consideraciones.

Para finalizar, en el inicio del proceso de implantación del BSC debe ser considerado:

- Tener un Mapa de la Estrategia aceptablemente bueno.
- Considerar una evolución progresiva hacia una solución automatizada al tratamiento de la información.
- Tener Capacitado al Personal.
- Haber asignado responsabilidades en cuanto a:
  - Temas Estratégicos
  - Objetivos
  - Indicadores y Metas
  - Iniciativas
- Estructurar las reuniones gerenciales sobre la base del Cuadro de Mando

Para la "socialización del Cuadro de Mando o Cuadro de Mando Integral" se usarán los medios disponibles o a ser creados por la organización. Se plantean en principio, dos vías para ello:

- La difusión por los Líderes de la organización, tanto de los niveles altos, como de las gerencias de línea. Esto será mediante la realización de presentaciones, charlas, videos, entrevistas en los medios de difusión interna y, fundamentalmente, mediante las exigencias del uso de la herramienta en las reuniones de reporte, control y estrategia.

- La difusión por expertos, mediante el diseño de charlas, artículos, asesoría a los líderes de la organización y diseños de esquemas de entrenamiento, bien sea con recursos internos o externos.

Para este proceso, se usarán las diferentes herramientas de difusión o socialización, según se disponga en la organización. Se usarán complementariamente:

- Medios impresos: entrevistas, avances, secciones educativas);
- Tecnología de información: foros, entrevistas secciones educativas, documentos
- Videos de divulgación: entrevistas, equipos de trabajo, educativos
- Capacitación y formación: talleres, cursos, guías de diseño, manuales, presentaciones

6.2 Completando el sistema y la organización para el reporte del CMI:

Las organizaciones que han emprendido el camino hacia resultados exitosos empleando metodologías como el Cuadro de Mando Integral, han tomado las medidas necesarias para ganar el compromiso y movilizar al equipo ejecutivo para comunicar la necesidad del cambio y traducir la estrategia y la visión en un cuadro de mando de la organización.

A fin de incorporar el CMI, y su poderoso marco para impulsar los resultados que la organización genera cada día, es necesario comenzar a reportar, hacer seguimiento, evaluar y controlar los resultados a la organización, a los fines de tomar decisiones efectivas. Este proceso se logra mediante la implementación de una Agenda Gerencial: las Reuniones de Análisis de Estrategia (RAEs). El cambio viene con el tiempo; el comienzo del proceso reporte de resultados representa el punto de inicio crítico para el éxito futuro.

Examinaremos a continuación los factores de éxito críticos en este paso fundamental, y como su organización puede obtener ventajas cuando pone en práctica su CMI con un sistema de gestión estructurado.

6.2.1 Los desafíos hacia las Reuniones de Análisis de Estrategia (RAEs)

Para cualquier organización que adopta el CMI, publicar el primer reporte y realizar su primera RAE es un verdadero hito, que marca el futuro del uso efectivo del CMI, y establece las bases de lo que debería ser un acontecimiento mensual o trimestral: el uso del CMI como un instrumento para analizar el desempeño y tomar decisiones de dirección importantes sobre como mejorar los resultados futuros. Sin embargo, si no se prepara bien, este hito puede resultar fácilmente en un inesperado revés en el proceso, por una o más de las siguientes razones:

- Nadie se adelanta a establecer de un proceso de reporte después de que se ha completado el diseño del CMI;
- Los líderes enfrentan la resistencia organizacional al esfuerzo de reporte: la medida es considerada demasiado amenazante, demasiado difícil, o que consume demasiado tiempo "adicional";
- El equipo de reporte encuentra dificultad eligiendo un instrumento de reporte apropiado para la organización (es demasiado caro o demasiado lento para ponerlo en práctica);
- Los líderes se quejan de que los informes no son útiles: son demasiado detallados, no lo suficientemente detallados, llegan demasiado tarde para tomar decisiones importantes, o los elementos del informe no se ubican en un lugar específico, de fácil acceso (haciendo difícil analizar relaciones y correlaciones entre los elementos y medidas del desempeño;
- El equipo ejecutivo nunca acuerda el momento de realizar la reunión RAE.

Cuando alguien que ha estado implicado alguna vez en un proyecto de reporte estratégico, sabe que recabar los datos y la información correctos y colocarlos en las manos de dirección en el tiempo adecuado, puede ser un trabajo muy desafiante. El acontecimiento puede ser comparado con la publicación de un periódico – sin fechas límites estrictas, coordinación central, y la información generada por un amplio grupo de personas, hay poca posibilidad del éxito. Para simplificar el esfuerzo que implica la generación de los informes requeridos dirigir un negocio hoy día, muchas organizaciones recurren al poder de la tecnología. Pero no puede esperarse que la tecnología solucione totalmente el problema. Siempre se requiere de una labor perseverante de coordinación, dirección, guía y educación.

6.2.2 Los siete pasos críticos para avanzar con éxito hacia las RAEs

En nuestra experiencia con muchas organizaciones, multinacionales, nacionales, locales, pequeñas, medianas o grandes, en el establecimiento de sus sistemas de gestión y toma de decisiones con base en el CMI, hemos encontrado un conjunto de siete pasos que aseguran un proceso de reporte repetible y confiable. Los pasos son los mismos si se decide manejar el sistema de reporte con herramientas básicas (usando instrumentos como Excel y PowerPoint) o automatizar el proceso con una aplicación de software especializado. Veamos estos pasos:

Paso 1: Completar el diseño del CMI

Aunque esto pueda parecer obvio, muchas organizaciones emprenden un programa de que denominan de "Cuadro de Mando Integral" sin articular su estrategia, determinando unas pocas medidas críticas que indicarán el desempeño, o la identificación de la carpeta de iniciativas clave que se espera conduzcan al éxito. Todos estos "componentes" sirven como una fundación para el reporte y ayudan a definir el alcance del esfuerzo. Antes de la primera RAE, debe haberse realizado un taller para "congelar" el diseño del CMI, para poder proceder al diseño de la reunión.

Este paso considera que deben adelantarse las siguientes acciones:

a. – Para operacionalizar el CMI, se debe completar los elementos siguientes:
- Definición de Indicadores.
- Responsabilidades
- Metas
- Iniciativas
- Indicadores de "responsabilidad compartida", crear los "grupos de afinidad"

Definición de Indicadores: Se debe finalizar aquellos indicadores no completamente definidos, o establecer como establecer programa individual para completar aquellos que estén en proceso. Verificar si:

- ¿Hay consistencia para crear lenguaje común en cuanto a seguimiento del desempeño del negocio en la Organización?
- ¿La definición de indicadores se hizo con los expertos de la organización?
- Los cambios futuros sobre las definiciones deben ser validados en la Organización para mantener consistencia, y aprobados por el Equipo Gerencial de la organización
- En caso de ser necesario, compartir y validar los cambios con clientes y proveedores principales

Responsabilidades: La aprobación de la asignación de responsabilidades por cada indicador es la primera tarea. El equipo de trabajo debe asegurar la designación de responsables por cada indicador – objetivo, para asegurar el éxito del CMI. La designación de Responsables es parte vital del CMI por dos razones:

1. Para asegurar que el CMI sea reportado regularmente, con precisión y a tiempo dentro de la Agenda Gerencial de la empresa, unidad de negocio o función.
2. Para asegurar que el CMI genere las conductas y el clima organizacional en la gente que garanticen el logro de la estrategia.

Las responsabilidades de los designados serán:

Responsable por Establecer Metas:

- Coordina acciones individuales en la Organización respecto al Indicador-Objetivo
- Determina el nivel deseado de desempeño para la organización en su indicador
- Las metas financieras se establecen a nivel del Equipo Gerencial
- Valida definiciones/ revisiones de indicadores

Responsable por Logro de Metas:

Es el individuo en la Organización con el control directo sobre el proceso que se mide:

- El CMI debe ser un motivador y generador de cambios de conducta y de expectativas a nivel individual
- Actúa como experto de apoyo en el proceso de establecer metas, siempre bajo la aprobación del Equipo Gerencial
- Puede ser responsable por un conjunto completo de indicadores asociados a un objetivo determinado (Indicadores de Resultados y e Indicadores Guías de Proceso).

Responsable por reporte:

- Individuo responsable por reportar con precisión los resultados de cada indicador, con la frecuencia especificada en las definiciones del indicador.
- No tiene que ser el mismo responsable por lograr la meta, pero debe tener acceso directo a la información y la capacidad para efectuar e interpretar los resultados y así poder sugerir cursos de acción.

- Individuo responsable por verificar que los datos de las diversas organizaciones hayan sido cargados en el Sistema de Información del CMI.

Metas

– ¿Cuan desafiantes son las metas? Es necesario completar las faltantes y validarlas con el Equipo Gerencial (empresa/unidad de negocio/función).

¿Como asegurar que se definan metas apropiadas?:

1. Los expertos designados presentan un plan al Equipo Gerencial para el establecimiento de metas para una fecha determinada
2. Los expertos presentan sus metas acompañadas del "business case-caso de negocios", con orientación hacia metas desafiantes – El "business case" estará fundamentado en:

   - Metas predefinidas para unidades corporativas, unidades de negocio, divisiones o funciones
   - Datos Históricos – Tendencias
   - Benchmarking
   - Opinión de expertos

3. Las metas son aprobadas o ajustadas por el Equipo Gerencial

Iniciativas

La alineación Iniciativas – Objetivos debe definirse en detalle y modificarse de ser necesario.

Hay muchas iniciativas organizacionales que pueden estar compitiendo por la disponibilidad de tiempo y recursos de la Organización Responsable:

- La alineación de iniciativas con los objetivos e indicadores del CMI faculta al Equipo Gerencial para evaluar cuan efectivamente dichas iniciativas apoyan a la organización en el logro de sus objetivos estratégicos.
- Aquellas iniciativas que no apoyen a la organización en el logro de su estrategia son candidatas a una "racionalización" luego de una revisión mas profunda.

- La revisión de iniciativas debe ser considerada como parte de las actividades regulares de la Agenda Gerencial – RAE de revisión de estrategias incorporando el CMI.

Indicadores de "responsabilidad compartida", es necesario crear los "grupos de afinidad" para indicadores de frontera entre organizaciones. Los mismos pueden manejarse mediante "Acuerdos de Nivel de Servicio".

En algunos casos, los indicadores son parcialmente afectados por entes de soporte, tal como las unidades de Servicios Compartidos, Servicios Técnicos u organizaciones como Recursos Humanos que dan servicio a las Unidades de Negocio o Unidades Operacionales:

- La Unidad de Negocio o Unidad Operativa puede designar un responsable para la parte del proceso que controla o afecta.
- Estos indicadores de "responsabilidad compartida" pueden usarse para crear compromiso y sinergia entre organizaciones en pro del desempeño de la Unidad de Negocio o Unidad Operativa.

En la medida de lo posible, se sugiere desarrollar esquemas de Acuerdo de Nivel de Servicio (ANS, del inglés Service Level Agreement, SLA).

Paso 2: Seleccione un Instrumento para análisis y reporte

La decisión de adoptar una aplicación de software certificada o desarrollar una solución de propia puede resultar difícil. Como vimos en secciones anteriores, recomendamos iniciar el proceso con las herramientas de que dispone, probablemente Excel y PowerPoint. Muchas compañías que enfrentan esta decisión llegan a la conclusión de que la automatización del CMI es una decisión a largo plazo que tiene sentido una vez que la organización ha madurado y está cómoda con su CMI y se ha creado el hábito de reportes y RAEs. Además, ya que el proceso de selección de proveedores puede tomar varios meses o más en completarse, hay a menudo un interés fuerte al comienzo de para iniciar el proceso con instrumentos existentes como Excel y PowerPoint.

Si usted decide ir la ruta manual e inmediata, debería comenzar desarrollando una plantilla de presentación de reportes que presente un equilibrio entre la demostración cuantitativa y cualitativa de la información – quizá hasta modelando con ejemplos que pueden ser encontrados en los sitios Web de los vendedores de software. A largo plazo, esta plantilla le servirá para hacer los "laboratorios" de selección de la herramienta automatizada.

Paso 3: Organice y Movilice un Equipo de Reporte

El siguiente paso implica movilizar un equipo inter-funcional para "apropiarse" el proceso de reportaje. Algunas organizaciones llaman a este rol "Coordinador del CMI", porque este líder esta a cargo de la publicación de informes periódicamente, además de manejar la "Agenda Estratégica" de las RAE. Idealmente, esta persona tiene la compenetración fuerte con la dirección ejecutiva así como habilidades analíticas excelentes (ver sección 2.5.2). Típicamente encontramos que este equipo de apoyo puede contar con 4 a12 personas, según la complejidad y tamaño de la organización. El presidente de una empresa eligió a más de 50 personas para este equipo, muchas de ellas a dedicación parcial, para la organización de las RAE trimestrales, porque deseaba una participación lo mas amplia posible en la vinculación con la evaluación de la capacidad de ejecución de la estrategia.

Para comenzar, se sugiere que la organización designe un Coordinador del CMI y también a los Responsables por Temas Estratégicos:

Coordinador: ¿Quién será el "impulsor" de la Implantación del CMI en la Organización, como apoyo a la Gerencia?

Se designará un Coordinador del CMI (usualmente dentro de la Unidad de Gestión de la Organización) para garantizar el éxito en el uso de la herramienta:

Responsabilidades:

- Recibe cada mes la información de indicadores relevantes de los individuos con responsabilidades de reporte. Verifica que la misma haya sido cargada en el Sistema de Información del CMI para cada organización.
- Si cuenta con una herramienta automatizada, analiza el aprendizaje derivado del Sistema de Información del CMI. Verifica las conversaciones en la Web para complementar el análisis de gestión con las sugerencias, comentarios, que hayan en la red por medio de la aplicación Sistema de Información del CMI-Web
- Ensambla el CMI en un reporte mensual, trimestral o anual, según corresponda

- Analiza la información para crear una agenda con los mensajes clave de la reunión del Equipo Gerencial.
- Identifica elementos estratégicos del mes, trimestre, año.
- Invita – prepara a los expertos para exposiciones sobre tópicos de alto impacto.
- Maneja la Agenda Gerencial de las reuniones del CMI.
- Distribuye por adelantado copias de resultados del CMI y su agenda, con elementos estratégicos y detalles a ser tratados en la reunión del Equipo Gerencial-CMI. Se apoya en la versión Sistema de Información del CMI – Web para el propósito de comunicación de información.
- Crea los reportes post-reunión, acuerdos, acciones, cambios y puntos abiertos para futuras reuniones del CMI.

Responsables por Tema Estratégico: ¿Quienes serán los Responsables por cada Tema?

Los Temas Estratégicos representan los macro-objetivos fundamentales de la Organización, y se asignarán responsables quienes actuarán en conjunto con el Coordinador, facilitando la generación de responsabilidades por Tema según lo siguiente:

- Recibe cada mes la información de indicadores relevantes de los individuos con responsabilidades de reporte para el Tema asignado.
- Con el Coordinador, ensambla los reportes por Tema
- Analiza el aprendizaje derivado del Sistema de Información del CMI para el Tema.
- Analiza la información para crear una agenda con los mensajes clave de la reunión del Equipo Gerencial.
- Identifica elementos estratégicos del Tema
- Invita-prepara a los expertos para exposiciones
- Con el Coordinador, maneja la Agenda Gerencial de las reuniones del CMI del Tema.
- Se asegura de la distribución por adelantado de copias del CMI del Tema y su agenda, con elementos estratégicos y detalles a ser tratados en la reunión del Equipo Gerencial-CMI.

Paso 4: Junte, Analice, y Presente Datos

La captura y el análisis de datos e información son la parte más crítica del proceso porque esto a menudo implica clasificarlos, seleccionar información más relevante, e identificar el modo más claro de presentarlos.

Esto también puede ser la parte más frustrante cuando la mayor parte de organizaciones al principio encuentran que sólo tienen el 50 % de los datos para sus medidas del CMI. Nuestra experiencia es que las reuniones RAE deben iniciarse con la información que se tiene. El equipo gerencial debe estar consciente de ello. Sin embargo, aunque los datos para cada medida pueden no existir, el 100 % de las medidas e iniciativas puede ser reportado, mientras exista una lista de hitos para obtener los datos. Por último, para cada medida, la fuente, la frecuencia, el método de cálculo, y los supuestos clave deberían ser explícitamente puestos en una lista, en un "catálogo de indicadores e iniciativas" que puede servir como un apéndice permanente a todos los informes.

Paso 5: Inicie el diálogo estratégico en las RAE con Toma de Decisiones Clave

Para que el mecanismo de reporte de las RAE sea un instrumento de dirección efectivo, debe ser utilizado como un impulsor de diálogo estratégico en la organización, hacia la Toma de Decisiones clave. No importa si es la primera o la quinta reunión del año, las pautas que se aplican, son las mismas. Cada ejecutivo que participe, debe revisar la información con antelación a la reunión, enfocarse en los aspectos clave del desempeño (desviaciones, iniciativas con retraso, iniciativas con impacto menor al esperado, indicadores fuera de control, alertas de desempeño de indicadores, tendencias del entorno que afectan la estrategia, estrategias emergentes). Las RAE deben contar con un "director de orquesta" o "facilitador" (usualmente el presidente o gerente general de mas alto nivel) para conducir las discusiones, cierre y decisiones, apoyado por el "coordinador" del CMI, particularmente en las cuestiones mas apremiantes. Usualmente las reuniones iniciales pueden tomar mas de cuatro horas, dado que se estará en la etapa de "la curva de aprendizaje", aprendiendo a interpretar inclusive algunos indicadores. Una vez que esta etapa de aprendizaje se supere, las reuniones podrán ser más cortas y más estratégicas.

Hemos visto que en la medida en que la fortaleza del diseño del Cuadro de Mando sea mayor, porque se han dado los espacios de diálogo y acuerdo para definir objetivos e indicadores, el proceso de evaluación, control y toma de decisiones se simplifica, porque hay más claridad en la estrategia. Un buen CMI, con el seguimiento y los sistemas de soporte adecuados, puede servir para guiar la agenda de conversaciones sobre el desempeño y la ejecución de la estrategia.

Algunos aspectos de la preparación y manejo de la RAE, incluyen:

Creando el Calendario

El calendario anual selecciona la secuencia en la que serán revisados los aspectos críticos del desempeño, a lo largo del período de gestión. En la figura 6-1 se representa un calendario típico para una empresa que ha seleccionado reuniones mensuales centradas por tema estratégico, y reuniones trimestrales con una revisión general de su CMI.

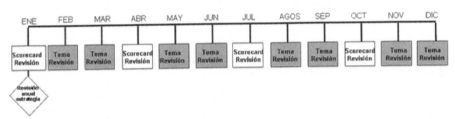

Figura 6-1: Calendario de la Agenda Gerencial

- Crear calendario de reuniones por parte de la gerencia.
- Crear calendario para reportar indicadores.
- Coincidir frecuencia de medición con las reuniones del Cuadro de Mando o Cuadro de Mando Integral (CMI, Cuadro de Mando o Cuadro de Mando Integral).
- Dar el Calendario a las personas responsables del reporte.
- Asegurar que las personas responsables por el reporte estén preparadas.

El Proceso de las Cuatro Reuniones

Para la Organización, se sugiere que el Equipo Gerencial maneje cuatro tipos de Reuniones del CM, según se indica en la figura 6-2:

(Enfoques de reuniones: G, Control de Gestión. P, Planificación)
Figura 6-2: Los Cuatro Tipos de RAE [1]

Para lograr los beneficios del Aprendizaje Estratégico, se operacionalizará en CMI mediante:

Proceso

- Comenzar a reportar del CMI en un plazo de 30 a 60 días después de la fase de diseño.
- Definir cronograma de Reuniones Equipo Gerencial para comenzar la Revisión.
- Incorporar el CMI en el Sistema de Información del CMI

El establecimiento del esquema de reporte de las cuatro reuniones, y su frecuencia a diferentes niveles, debe adecuarse a cada empresa. La figura 6-3 refleja el esquema para una empresa a tres niveles.

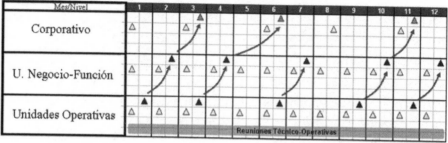

Figura 6-3: Las cuatro reuniones a tres niveles organizacionales

Las Reuniones Mensuales

Las reuniones Mensuales se enfocarán hacia aspectos de "emergencia" (situaciones "en rojo") en cualquier objetivo y en detalles de un Tema (Vector) Estratégico.

Agenda Típica de reunión mensual

Revisión de Control del CMI

- Revisar elementos financieros y de procesos internos relevantes del mes.
- Revisión general de indicadores fuera de metas.
- RESULTADOS y DESVIACIONES mayores de las metas.
- Enfocar especialmente el reporte en Acciones Correctivas Inmediatas.

Revisión de Tema Estratégico

- Revisar un Tema Estratégico por mes.
- Cada Tema al menos Dos Veces al año.
- Presentados por el "Dueño" del Tema Estratégico.
- Examinar RESULTADOS y Guías de Proceso en profundidad vs metas.
- Revisar progreso de iniciativas que apoyan a objetivos del vector.
- Dialogo sobre nuevas iniciativas que apoyen logro de metas
- El éxito de las Reuniones Mensuales se centra en su Focalización en Discutir Aspectos Estratégicos, No en Reportar Resultados

Para que la Reunión sea efectiva y tenga éxito

- La mayor parte del tiempo dirigirla a tratar aspectos estratégicos, no a revisar y discutir los números, ni buscar culpables.
- Enfoque en aspectos de hoy y futuros, no en desempeño del pasado.
- Énfasis en anomalías mayores que reflejen problemas con la estrategia.
- Marco claro y conciso (CMI) para explicar los aspectos, con información detallada como respaldo.
- Los asistentes están informados con anterioridad de los aspectos que se tratan en la reunión y vienen preparados para discutir pasos y cursos de acción de mejoramiento continuo.
- Participan expertos para aportar soluciones en aspectos específicos.
- Los gerentes se enfocan en visión global en su ámbito Organizacional, no en aspectos o responsabilidades individuales o de organizaciones-funciones.
- La primera reunión mensual debe llevarse a cabo a la brevedad para mantener el impulso ya ganado. La primera reunión debe verse como un paso de aprendizaje para completar y operacionalizar el CMI.
- Dedicar tiempo suficiente a objetivos e indicadores del vector que se seleccione.
- Resolver detalles sobre cómo obtener los datos de indicadores.
- Revisar progreso en definición de indicadores y metas faltantes.
- Como resultado de la reunión surgen acciones bien definidas, a ser llevadas por "equipos ínter funcionales" con enfoque de mejoramiento continuo.

Las Reuniones Trimestrales:

- Trimestralmente, el Equipo Gerencial (ampliado) debe Revisar CMI completo.
- Se maneja una agenda similar a la mensual pero que permite al Equipo Gerencial ver la estrategia completa (1 día).
- Los gerentes logran mantener una visión general del status en cuanto al logro de la estrategia.

El Equipo Gerencial (ampliado) revisa todo el Scorecard, utilizando la información estratégica que provee el Sistema de Información del CMI, más el aprendizaje derivado de las reuniones anteriores:

- Una agenda mas amplia que la reunión mensual que permite a la gerencia mirar toda la estrategia (Extramuros-1 día Vs. 1/2 día).
- La Gerencia aprende sobre la estrategia global y del estado de la organización, así como las mejores prácticas.
- Proveer el CMI de la Organización por adelantado.
- Resultados esperados de la reunión:
    - Actualización de la Organización acerca de la gestión de la organización basada en los resultados del CMI.
    - Comunicar al resto de la organización acerca de las decisiones y resoluciones.
    - Comunicar a las organizaciones clientes sobre nuevos cursos de acción para mejorar relaciones, calidad y servicio.
    - Revisar acciones de mejora acordadas en las reuniones mensuales y definir nuevos cursos de acción.
    - Los gerentes utilizan los reportes del CMI, de la Organización para tomar decisiones en la asignación de capital y Recursos.
    - Resultados de la Reunión – Una actualización del Equipo Gerencial de la Organización sobre el desempeño global basado en resultados del CMI.

Las Reuniones Anuales:

Al menos una vez al Año, se revisará la Estrategia Global, para discutir cambios en objetivos, indicadores y metas.

- Extramuros de al menos un día.
- Separado de las reuniones mensuales y trimestrales, se trata de una reunión que no sustituye a las otras.
- Preguntas clave de esta reunión:

- ¿Han ocurrido cambios en el entorno que implique cambios en nuestra estrategia?
- ¿Han cambiado las prioridades de la Corporación/División? ¿Cómo debemos cambiar nuestro CMI para reflejar las nuevas prioridades?
- ¿Están generándose conductas individuales y organizacionales adecuadas, apuntando al logro de la estrategia, como resultado del uso del CMI.? ¿Hay que cambiar algunos indicadores para mejorar las conductas generadas?
- ¿Son nuestras metas realistas, son desafiantes, debemos cambiarlas?
- ¿Hay alguna meta en la que hayamos fallado consistentemente? ¿Por qué?
- ¿Cuales son los proyectos mayores del próximo año? ¿Cómo afectarán nuestros objetivos estratégicos?
- ¿Estamos experimentando una "sobrecarga" – muchos proyectos – sin focalización suficiente?

Reuniones de Grupos Afines

Se formarán Grupos de Afinidad ínter funcionales para prestar apoyo a los Responsables de Vectores, al Coordinador o al Equipo Ejecutivo a nivel del ámbito organizacional para discutir objetivos e indicadores comunes, realizar estudios de benchmarking y otras actividades de soporte para el CMI.

- Según se requiera se harán reuniones entre grupos/organizaciones de responsabilidad compartida.
- ¿Como mejorar los indicadores del CMI?
  - Compartir mejores prácticas para reportar indicadores.
  - Mejores vías para lograr los objetivos y metas

- Grupos de Afinidad potenciales.
  - Financieros: Finanzas y Planificación y Gestión, Recursos Humanos.
  - Cliente – Mercadeo y Ventas y Gerentes de Producción.
  - Interna: – Gerentes de Operaciones o de Producción, Convenios, Planificación.
  - Aprendizaje Organizacional: – Recursos Humanos, Comunicaciones Corporativas o Asuntos Públicos, Protección Integral, Gerentes de Operaciones o de Producción.

- Identificar cuales serian estos grupos afines para la organización.

Paso 6: Establezca y use criterios para ajustar los elementos del CMI o CM durante las RAE's:

Durante las RAE, se deben generar dos ciclos de control:

- El ciclo "Operativo" que se enfoca en la validación de desviaciones sobre el desempeño en cuanto a metas y avance de iniciativas. Este suele ser el enfoque típico de las reuniones que se efectúan en las empresas, esta vez bajo el enfoque de Temas Estratégicos y perspectivas del CMI o CM.
- El ciclo "de aprendizaje estratégico" donde se producen las reflexiones y soluciones de trabajo en equipo para validar el impacto que los resultados del ciclo de control operativo tienen sobre el alcance y logros de la estrategia. ¿Existen comportamientos o desempeños que puedan generar nuevas tendencias en el largo plazo? ¿Existe necesidad de revisar algunos aspectos de nuestra estrategia en relación con esas tendencias?

La figura 6-4 refleja estos dos ciclos en la RAE.

Durante ambos ciclos, se producirán conversaciones sobre estrategia y desempeño, que llevarán a evaluar el grado de logro y el cumplimiento de las intenciones o hipótesis con que se construyó la estrategia, reflejada a través del Mapa de la Estrategia y del Cuadro de Mando.

La figura 6-5 refleja algunas de las interrogantes y caminos posibles en la cadena de revisión que puede ocurrir en una RAE.

Algunos criterios para ajustar los componentes del Cuadro de Mando incluyen:

Cambiando las Metas

Situaciones en que se requiere cambiar las metas:

- Planes revisados por cambios externos o cambios en estrategia corporativa, de la Unidad de Negocio o Función.
- Se demuestra que las bases o supuestos iniciales no son correctos.
- Metas demasiado altas/demasiado bajas para la organización.

Criterios para cambiar metas:

- Cambios basados en aprendizaje real y evidencias; actuar por sentimientos afecta la credibilidad de las metas.
- Cambiar metas con poca frecuencia: Cambios frecuentes transmiten mensajes erróneos-negativos a la organización.
- Cambie la meta cuando haya prueba consistente de que no se logrará: no se desencante por un mal mes.
- Los cambios deben ser aprobados por el Equipo Gerencial y Línea Gerencial.
- Reemplace las justificaciones constantes para cambio de metas con un mayor diálogo sobre la estrategia.

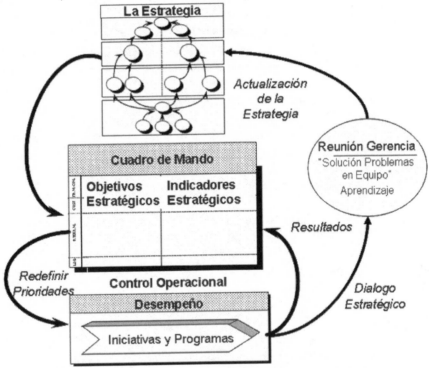

Figura 6-4: Ciclo Operativo y Ciclo de Aprendizaje Estratégico en las RAE (2)

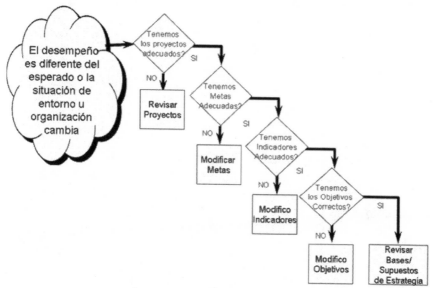

Figura 6-5: La cadena de revisión

Cambiando los Indicadores

Situaciones que requieren cambio de indicadores:

- Indicadores que generan conductas inadecuadas.
- Demasiados indicadores en el CMI.
- Toma demasiado tiempo o es muy costoso recolectar datos.
- El indicador no provee información valiosa para la estrategia.
- La medición es demasiado operacional y no estratégica.
- Los objetivos estratégicos cambian.
- Hay que agregar nuevos indicadores que generen conductas adecuadas.

Criterios para cambiar los indicadores:

- Los cambios de indicadores deben ser aprobados por el Equipo Gerencial y el Coordinador del BSC.
- Los cambios deben unificarse en la organización para mantener consistencia (Sistema de Información del CMI, Folletos, etc.).
- Documentar extensivamente razones del cambio.
- Si hay demasiados indicadores, reducir los de Guías de Proceso, los muy operacionales, los no estratégicos y aquellos que tengan información reflejada en otros indicadores.

- Cuando se cambien las definiciones, recopilar la data histórica según nueva definición y ver su comportamiento comparado con definición que se sustituye.

Cambiando los Objetivos Estratégicos

Situaciones que requieren cambiar los objetivos estratégicos:

- Cambios de Estrategia Corporativa, de Unidad de Negocio o de Unidades de Servicios (Soporte, Apoyo).
- Eventos externos que obligan a cambiar la estrategia.
- Los objetivos son muy generales y no motivan a la organización.
- Los objetivos generan conductas no adecuadas
- Demasiados objetivos – Generan "desgaste en la organización".

Criterios para Cambiar Objetivos:

- Los cambios en los objetivos deben ser acordados en el Equipo Gerencial y alineados a nivel de la empresa.
- Documentar el aprendizaje que ha generado el cambio y compartirlo con la empresa.
- Comunicar los cambios a la organización y las razones para el cambio.
- No cambiar objetivos frecuentemente, se transmitir mensajes negativos a la organización.

Paso 7: Comunique la Estrategia y los Resultados

Otra vez, este es un paso bastante obvio; aún así, muchas organizaciones no recurren a el. ¿Pero qué pasa si después de medir, aprender sobre su desempeño y decidir hacer varias correcciones de caminos de acción, proyectos y metas usted nunca explica esto a la gente que realmente ejecuta la estrategia y por lo tanto tiene la mayor parte de influencia en los resultados? La respuesta simple es que nada se cambiará, y usted tendrá resultados similares (o peores) la próxima vez. Un modo eficaz de compartir resultados es sostener reuniones de tipo "general" con cierta regularidad. Recorra la organización presentando su estrategia y sus resultados, en reuniones donde los empleados pueden aprender sobre como la organización se ha desempeñado y el papel que ellos pueden jugar en el mejoramiento del desempeño futuro.

Para la "socialización del CMI o CM" se pueden usar, como complemento a lo anterior, medios disponibles o a ser creados por la organización. Se plantean en principio, dos vías para ello:

- La difusión por los Líderes de la organización, tanto de los niveles altos, como de las gerencias de línea. Esto será mediante la realización de presentaciones, charlas, videos, entrevistas en los medios de difusión interna y, fundamentalmente, mediante las exigencias del uso de la herramienta en las reuniones de reporte, control y estrategia.
- La difusión por expertos, mediante el diseño de charlas, artículos, asesoría a los líderes de la organización y diseños de esquemas de entrenamiento, bien sea con recursos internos o externos.

Para este proceso, se usarán las diferentes herramientas de difusión o socialización, según se disponga en la organización. Por ejemplo:

- Con Medios impresos: con entrevistas y secciones educativas
- Mediante la "intranet": entrevistas, secciones educativas, buzón de intercambios (foros de dudas y discusión)
- Mediante Videos: con entrevistas y reseñas educativas del enfoque metodológico
- Mediante capacitación y formación: talleres, tutoría en diseño, cursos dedicados al tema que además ejemplifiquen con los resultados

7
TENDENCIAS
EL CMI SOSTENIBLE [1]

En estos días ya no se habla sólo del crecimiento económico de la empresa, sino también del crecimiento a nivel Social y Ambiental, a esto se le conoce como Triple Resultado.

Actualmente, aquellas empresas que llevan tiempo trabajando según un modelo de gestión ordenado, basado en metodologías de implantación y herramientas como el CMI, están incluyendo resultados relacionados con aspectos sociales y medioambientales, como activos importantes y decisivos en sus empresas. No basta con definir determinadas intenciones para la mejora social y medioambiental, realizando un uso propagandístico de éstas, o simplemente por asegurar el cumplimiento de la legislación en vigor, sino que deben de ser iniciativas estratégicas, deben de estar integradas dentro del plan estratégico de la empresa y por ello deben de ser orientadas de forma pro-activa, debiendo definir objetivos y responsables, y sus indicadores asociados igual que cualquier otro objetivo económico para garantizar el éxito de los mismos.

Dado que el CMI permite considerar los factores estratégicos no monetarios del éxito que tienen un impacto significativo en la empresa, proporciona un punto de partida prometedor a la incorporación de aspectos ambientales y sociales en el sistema de gerencia de la empresa.

Tanto las empresas privadas como los organismos públicos, deberán dedicar una buena parte de sus recursos a alinear la sostenibilidad con sus planes, con el objetivo de dar respuesta a los cambios que se están produciendo en estos momentos en el entorno socio-económico y así poder estar a la altura de los más innovadores.

Así pues se define el Cuadro de Mando Integral Sostenible como una forma de expresión del CMI que incorpora los componentes de valor en una estrategia de negocio integrada de manera que:

- Muestra relaciones de causa y efecto entre el desempeño económico, social y ambiental.
- Permite gerenciar de manera integral aspectos sociales y ambientales determinantes en el éxito económico del negocio.

Así mismo, el uso de CMI Sostenible es un instrumento de planificación que puede ser utilizado para destacar el valor añadido que se desprende de los aspectos social y/o ambiental y poner en práctica la estrategia.

El proceso de formulación para un CMI Sostenible tiene que tener un número básico de requerimientos:

- El proceso debe conducir a valor basado en aspectos ambientales y sociales
- Para asegurar su valor, los aspectos sociales y ambientales se deben integrar con el sistema de gerencia general de la empresa.
- Los aspectos ambientales y sociales de una unidad de negocio se deben integrar según su importancia estratégica. Esto incluye la cuestión de si la introducción de una nueva perspectiva adicional es necesaria.

7.1 Implementación del Cuadro de Mando Integral Sostenible

La definición de una estrategia de sostenibilidad a nivel corporativo parece vital, porque dentro de cada meta de cada perspectiva del CMI Sostenible, las medidas y los indicadores del funcionamiento tienen que ser definidos. Hay la evidencia en la práctica corporativa en la cual este paso no es del todo trivial y de hecho puede representar una pérdida de tiempo, porque incluso hasta líderes de las unidades de sostenibilidad pueden carecer con frecuencia estrategias explícitas.

El concepto de CMI Sostenible ofrece una posibilidad para que las compañías traduzcan visiones y estrategias de sostenibilidad en acción, demuestra cómo los activos intangibles pueden contribuir la sostenibilidad de la compañía. Por otra parte, proporciona el alto potencial para la integración de aspectos y de objetivos ambientales y sociales en la gerencia de la compañía. Pero de acuerdo a la experiencia, desarrollar e implementarlo no es simplemente definir las perspectivas, objetivos, indicadores y metas. Es algo más complejo, es un proceso que requiere paciencia, poder y persistencia. La gente que implementa esto necesitan estar entrenados en las implicaciones culturales de introducir un Cuadro de Mando Integral Sostenible y debe ser la alta gerencia quien empuje esto. Por otra parte, la alta participación de los empleados contribuye al éxito.

7.2 Enfoques para incorporar los Componentes Socio Ambientales en la Estrategia de Negocios Mediante el CMI Sostenible

Primer Enfoque: Incorporar Indicadores Sociales y Ambientales en las perspectivas existentes. Esto significa que los aspectos ambientales y sociales están integrados en las cuatro perspectivas a través de los indicadores principales. Los aspectos de ambiental y social por lo tanto se convierten en una parte integral del cuadro convencional y se integran automáticamente orientándose hacia la perspectiva financiera. Algunos indicadores genéricos son:

- Tasa de Accidentes Discapacitantes
- Contribución a proyectos de desarrollo comunitario
- Transgresiones de Convenios Naciones Unidas
- Producción de desechos peligrosos
- Reducción de consumo de papel
- Consumo de agua
- Manejo de efluentes

Figura 7-1 Indicadores sociales y ambientales no nnecesariamente vinculados con estrategia

Segundo enfoque: Construir el CMI de la unidad o gerencia de Higiene, Seguridad y Ambiente (SHA) o de la Unidad de Responsabilidad Socio Ambiental. Similar el enfoque de cualquier unidad de apoyo (RRHH, Finanzas y Servicios), establece enlaces entre objetivos funcionales y estrategia empresarial considerando a los clientes interno y externos. Ver Figura 7-2.

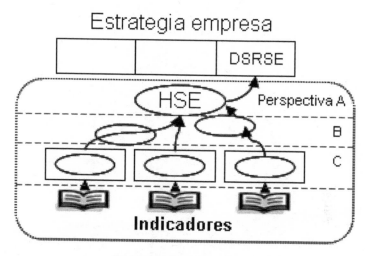

**Figura 7-2 Estrategia de SHA – HSE como elemento
Social y Ambiental**

Tercer Enfoque: Incorporar el tema socio ambiental en la perspectiva de procesos internos: Seguridad, Salud y entrenamiento de empleados y Satisfacción de Clientes, socios y comunidad (ver figura 7.2). En la actualidad, la estrategia de muchas empresas va más allá de las regulaciones y para mostrar su capacidad de operar y crecer, evidencian objetivos, que aportan valor ambiental y social, a las dimensiones del modelo de RSE.

Cuarto Enfoque: Agregar perspectivas adicionales. La necesidad para una perspectiva adicional (Perspectiva Social y Ambiental) se presenta cuando los aspectos ambientales o sociales influyen perceptiblemente en el éxito de la empresa y al mismo tiempo, por su importancia estratégica no se puede reflejar dentro de las cuatro perspectivas estándares del CMI, como se aprecia en la figura 7.2. Análogo al proceso de formular un cuadro convencional, los aspectos y los indicadores principales estratégicos de esta perspectiva se deben también identificar y reproducir con medidas respectivas. Estas medidas entonces se ligan hacia la perspectiva financiera por medio de cadenas jerárquicas de causa y efecto. A este modelo del CMI es el que se conoce como "triple resultado". Una filosofía de gestión integrada que demanda resultados económicos, sociales y ambiéntales.

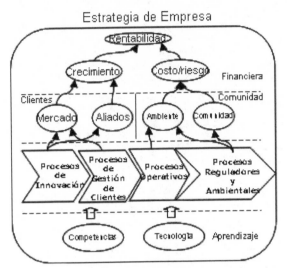

Figura 7-3 Incorpora Procesos Socio Ambientales en la Estrategia

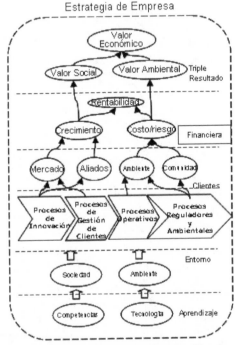

Figura 7-4 Perspectivas adicionales de creación de valor social y ambiental

Notas

BIBLIOGRAFÍA Y REFERENCIAS

Introducción

1. – Philipe Lorino, El Control de Gestión Estratégico, 1994, p. 7, p. 83
2. – Malo, J.L. (1995). Les tableaux de bord comme signe d'une gestion et d'une comptabilité à la française. In Mélanges en l'honneur du professeur Claude Pérochon. Paris: Foucher, 357-376.
3. – Robert Kaplan y David Norton, el Cuadro de Mando Integral, 1994, Gestión 2000
4. – Robert Kaplan y David Norton, el Cuadro de Mando Integral, 1994, Gestión 2000, p. 7
5. – Conversaciones del autor con un ejecutivo de PDVSA, 1999.

Capítulo1

1. – Manual de Planificación Estratégica para Pymes, México
2. – Arnold C. Hax, The Strategy Concept and Process: A Pragmatic Approach (1st Edition), 1992
3. – Arnold C. Hax, The Strategy Concept and Process: A Pragmatic Approach (2nd Edition), 1996
4. – www.efqm.org, 2007
5. – Robert Simons, Levers of Control, HBSP, 1995
6. – Curso de Indicadores de Gestión Empresarial, NRG Consultores C.A., 2007
7. – Curso de Indicadores de Gestión Empresarial, NRG Consultores C.A., 2007
8. – Kaplan, Robert y Norton David (1997). Cuadro de mando integral: The Balanced ScoreCard, España Gestión 2000
9. – Kaplan, Robert y Norton David (2001). Como utilizar el cuadro de mando integral. España: Gestión 2000.
10. –Curso de Indicadores de Gestión Empresarial, NRG Consultores C.A., 2007

11. –   Tomados de la página web de www.cantv.com.ve, vigentes a marzo 2007. Los indicadores propuestos son sugerencias del autor y pueden no coincidir con los que efectivamente lleva esta empresa.

Capítulo 2

1.– Michael Godet, De la anticipación a la acción: manual de prospectiva y estrategia, Marcombo Editores, p. 216
2.– Michael Porter, Competitive Strategy, Free Press, 1985
3.– Robert Kaplan y David Norton, Strategy Focused Organization, Harvard Business School Press, 2000
4.– Philipe Lorino, El Control de Gestión Estratégico, 1994, p. 7, p. 83
5.– Artículos gestionscorecard.blogspot.mx, Modelo desarrollado por NRG Consultores C.A. usando Crystal Xcelsius, de Business Objects
6.– Steven Hronec, Signos Vitales, Mc Graw Hill, 1995

Capítulo 3

1. – Juan Cristóbal Bonnefoy, Marianela Armijo, Indicadores de desempeño en el sector público, 2005, CEPAL
2. – Kaplan, Robert y Norton David (2001). Como utilizar el cuadro de mando integral. España: Gestión 2000.
3. – American Productivity and Quality Center, APQC, Corporate Perfomance Measures Study 2000
4. – Robert Anthony, The Management Control Function, 1988
5. – Lawler E., Rgohe G., Information and Control in Organizations, 1976
6. – Robert Simons, Levers of Control, HBSP, 1995
7. – Adaptado de Robert Simons, Levers of Control, 1995

Capítulo 4

1. – Nombre ficticio para un caso real ejecutado en 2002

Capítulo 5

1. – Marr, B. and Neely, A. (2001), The Balanced Scorecard Software Report, Gartner, Inc. and Cranfield School of Management, Stamford, CT.
2. – Missroon, A.M. (1998), "Automating the balanced scorecard methodology", Midrange Systems, Vol. 11 No. 17, p. 44.
3. – Silk, S. (1998), "Automating the balanced scorecard", Management Accounting, Vol. 11 No. 17, pp. 38-44.

4. – Silk, S. (1998), "Automating the balanced scorecard", *Management Accounting*, Vol. 11 No. 17, pp. 38-44.

Capítulo 6

1. – Adaptado del folleto "Implantando el Sistema Balanceado de Indicadores – SBI de Lagoven", 1997
2. – Adaptado de Chris Argirys y Kaplan y Norton, Strategy Focused Organization.

Capítulo 7

1. – Adaptado del artículo "Gerencia Estratégica en el Siglo XXI", Jesús Sánchez Martorelli

ACERCA DEL AUTOR

Jesús R. Sánchez Martorelli

Fundador de 21GES Gestión Estratégica Siglo XXI, Director de NRG Consultores C.A y Director Ejecutivo de la Fundación Gerencia Estratégica.

Consultor Senior, con experiencia internacional en gerencia, desarrollo, coordinación e implementación del Balanced Scorecard como Sistema de Planificación y Gestión Estratégica en industrias de manufactura y servicios e instituciones del gobierno. Ha participado en procesos de innovación empresarial en diversas organizaciones y actúa como docente en programas de formación de postgrado y mejoramiento profesional como profesor invitado en el IESA y en la UCAB, en Caracas, Venezuela.

Ha publicado otros libros como: El Balanced Scorecard en 4 Fases, y está en proceso de preparación de su tercer libro "El Cuadro de Mando Integral en Empresas del Sector Público"

23969047R00110

Made in the USA
San Bernardino, CA
06 September 2015